# LUMIÈRE ET BROUILLARD

# 빛과 안개

최유수 시산문집

# 들어가는 말

빛이 기억을 빚는다.
어둠은 감정을 빚는다.
문틈 사이로 눈빛이 닫히고 나면 과거는 멀어진다.
그리움보다
더

                                            멀리.


밤이 지나간 자리에 빈 괄호들이
남겨져 있다.

안개 속에서
빛들의 목소리를 받아 적었다.


2021년 10월
최유수

차례

I   다가오는 빛　　　　　9
II  지나가는 어둠　　　　63
III 기억과 감정의 유물론　111

# I 다가오는 빛

\*

　서로의 느낌이, 정신이, 영혼이 부드럽게 마찰된다는 느낌이 있다. 눈빛과 대화 속에서, 오직 두 사람을 위해 마련된 한 편의 연주곡이 재생되듯이. 그런 순간이 두 사람을 끌어안는다. 보이지 않는 곳에서 새로운 시구를 써 내려간다.

\*

 찬란하고도 힘겨운 계절인 여름. 게으른 사람에게는 더욱 그렇다. 하루 중 가장 시원한 이른 아침에 강렬한 햇빛이 창을 뚫고 들어오기 시작하고 곧 잠을 빼앗긴다. 끈적이는 밤과 텁텁한 아침. 시끄럽던 새들도 조용하고, 모든 것이 느리게 흘러간다. 오후에는 좋아하는 카페에서 말차 팥빙수 한 그릇을 비운다. 익숙해서 그리워지는 맛이다. 거기에 모자라 생 자두 주스를 한 잔 마신다. 이쪽 동네를 오갈 때마다 여름을 가리키는 문장을 쓰고 싶다는 생각이 든다. 마치 빗물 펌프장 벽을 타고 자라는 능소화 덩굴 같은. 바깥이 데일 듯 뜨거워도 우리는 걷는다. 반가운 저녁을 향하여. 태양이 저물고 열기가 식는다.
 어디선가 옅푸른 보랏빛 기운이 올라온다.
 어디론가 너는 사라진다.
 묘하게 차분한 공기가 몸을 감싼다. 하루를 허리춤에 구겨 넣고 우리는 매일 밤 꿈에서 강으로 바다로 향한다. 파도는 아무리 거세도 소란하지 않고, 길고 긴 여름은 지나가기 마련이다. 회상은 파도처럼 들이치고 물러간다.

\*

  창밖 저멀리로 높다란 교목喬木의 머리가 흔들린다. 부드럽고 우아하게. 나뭇가지들이 바람에 엮이며 엇갈린다. 어떤 움직임보다 빼어나다. 4층 건물보다 키가 커서, 더 멀리 뒤로 보이는 산의 능선보다 나무 꼭대기가 더 높아보인다. 나와 나무 사이 바로 앞 건물이 허물어지고 있기에 보이는 정경이다. 가만히 보고 있다가 시야를 확대해 당겨서 상상한다. 무성한 잎사귀 하나하나에 계절의 말들이 새겨져 있을 것이다. 영감의 속삭임에 귀를 기울인다. 단어들이 우수수 떨어진다.

  오래된 관념 속의 나무들이 그리워서 나는 자꾸 나무 사진을 찍어 둔다. 눈으로 마음으로, 나의 초라한 언어들로.

*

어떤 순간에 느낀 충만한 행복과 사랑은 그 순간에만 머물러 있지 않다. 기분은 번지기 마련이다. 다가오는 순간을, 시간을, 물들인다. 부드럽게 감싸 안는다. 기쁘거나 슬프거나 그것은 순간에서 순간으로 번져 나간다. 알게 모르게 내 안을 흐르고 있다. 시간 속을 스미고 있다.

\*

누군가에게 당신은 행복하냐고 행복이 무엇인지 아느냐고 질문하는 것처럼 무용하고 무례한 일이 또 있을까?

\*

 빛나는 두 눈이 담을 수 있는 것은, 시선이 가닿을 수 있는 것은 과연 어디까지일까.

 눈앞의 아름다운 것을 보면 얼마든지 아름답다고 말할 수 있다. 얼마든지 경탄할 수 있다. 그러니까 말로만, 누구나 쉽게 내뱉을 수 있는 몇 마디 말로만. 그런데 그때, 마음에 와 닿는 아름다움을 직시하는 바로 그 순간에 우리는 무엇을 보고 있는 걸까. 도대체 무엇이 아름답다고 말하고 있는 걸까. 말이 아닌 것으로 아름다움을 표현할 수는 없을까.

 어떤 사물을 아름답다고 느낄 때 그것은 아름다움을 지닌 사물을 보았기 때문일까 사물이 지닌 아름다움을 보았기 때문일까. 눈은 아름다움을 볼 수 있을까. 우리가 눈으로. 볼 수 있을까. 사람이든, 사진이든 그림이든, 순간이든 현상이든, 구체적인 사물이 아닌 무엇이든, 아름다움이란 감각을 눈은 볼 수 없을 것이다. 살면서 보고 느낀 바에 관한 데이터가 축적되어, 어떤 것의 아름다움을 이성적으로 판단할 수는 있을지언정, 그 아름다움을 눈으로 직접 목격할 수는 없는 것이다. 그런 점에서 아름다움은 절망에 가깝다.

 아름다움은 상像으로 맺히지 않는다. 아름다움은 깨닫는 순간 그냥 거기에 있는 것이다. 진정한 아름다움은, 그것의 차원과는 상관없이 평온함, 안정됨, 정적인 어떤 것을 순간적으로 깨부순다. 얼어붙은 감각을 단번에 내리쳐 일깨워 준다. 정확히 아름다운 것에는 망설임이 있을 수 없다. 느낌과 울림. 일렁이는 눈빛. 가끔은 울고 싶은 무력감. 아름다운 것은, 아름답기 위해서 무엇도 하지 않는다. 아름답기 위한 자세를 의도적으로 취하는 대상에 아름답다는 말은 어울리지 않는다.

아름다움은 관측된다. 본능적으로, 감각적으로. 그것이 나타내고 있는 형태와 이미지와 밸런스 같은 것이 아름다움이라고 불리는 하나의 상태로서. 만약 아름다움이 관측자에 의해 관측되는 것이라면, 아름다움은 주관적이고 상대적인 걸까. 모든 관측자가 아름답다고 여길만한 (정도의 차이가 조금 있을지라도) 아름다움이 있을 수 있을까. 누구도 반박할 수 없는 객관적 아름다움이 존재할까. 내가 아름답다고 느끼는 어떤 대상이 어느 누구에게나 동일하게 아름다울 수 있을까. 아름다움은 증명될 수 있을까. 우리가 할 일은 아름다움의 객관을 증명하는 것이 아니라 아름다운 것을 보았을 때 마음껏 아름답다고 말하는 것 뿐일지도 모른다.

살아가면서 누구나 어떤 형태든 어떤 방식으로든 저마다의 아름다움을 추구한다. 아름다운 것을 아름답다고 느끼고 말하고 또 사랑하기 위해 많은 시간을 보낸다. 그런 시간이 없다면 우리는 메마른 표정으로 매일을 보내고 말 것이다. 세상의 다양한 아름다움을 적극적으로 발견하고 싶다. 소중한 느낌과 울림을 마음껏 흡수하고 싶다. 눈빛과 안목을 가다듬어 나만의 관점과 태도를 견지하고 싶다. 아름다움이라고 명명된 감각의 세계를 명료하게 구축해나가고 싶다. 아름다움을 아름답게 표현하고 싶다.

\*

　어떤 때는 한없이 모호해지고 싶다. 가능한 한 모호해지면서, 나라는 존재로부터 끝없이 멀어지고 싶다. 완전히 다른 존재가 되어보고 싶다. 이를테면 맑은 날 열차의 창문이나, 초가을 테라스에 내놓은 화분이나, 동해바다 밤하늘에 주르륵 떨어지는 유성우 같은 것.

\*

 시집을 펼친다. 시를 읽는다. 내킬 때 덮는다. 아무 페이지나 펼친다. 아무렇게나 읽는다. 읽기 위해 가벼워진다. 사유 속에 몸을 띄운다. 읽는다는 것이 무엇인지 잠시 잊어버린다. 그저 흐름을 따라 간다. 단어에서 단어로, 시구에서 시구로, 어느 방향으로든 자유롭게 갈팡질팡하는. 그렇게 하는 순간들이 나의 시 읽기라고 할 수 있다. 움직임과 흔들거림의 중간 지점. 언어가 이미지가 되기 직전의 다양한 그물들이 시에는 있다. 빛처럼 흩뿌려지는 감정이 있다. 깨끗해지기도 했다가 더러워지기도 했다가, 아무 이유 없이 낯설어진다. 새로워진다. 시는 불투명한 유리 너머의 피사체를 찍는다. 유리 표면에 시어들이 휘갈겨 새겨져 있고, 셔터를 누르는 사이 번지고 번져서 사라져버린다. 어디론가 떠난다. 밝은 안개가 우거진 숲으로. 조리개가 고장난 지 오래된 카메라를 들고서. 떠난 시는 아마 영영 돌아오지 않을 것이다.

\*

 보랏빛으로 저물어가는 한여름 노을처럼 사람을 사랑할 수 있을까? 그렇게 누군가를 사랑해도 될까? 내가 너를, 네가 나를. 형용할 수 없는 사랑을 우리가 가져볼 수 있을까? 한 사람을 사랑한다고 말하는 것의 의미에 대해 밤새도록 이야기할 수 있을까? 알고 싶어서가 아니라 감각하고 싶어서. 그렇게 함으로써 우리가 백 퍼센트의 사랑을 이해할 수 있을까? 조금이나마 가까워질 수 있을까?

*

해가 바뀌었다. 지난 원고를 끝내자마자 다음 원고 준비를 시작했다. 분에 넘치는 제안을 받았고, 운이 좋게 집 근처에 작업실을 얻었고, 거의 매일 (글이라고 말하기에 부끄러운) 무언가를 쓰고 있다. 불과 3년 전만 해도 내가 이렇게 살고 있으리라고는 상상하지 못했다. 정처 없이 걷다 보니 시간이 나를 이곳에 데려다 놓았을 뿐이다. 정말로 그렇게 느낀다.

목표나 사명감 없이 그저 쓴다. 같은 속도로 계속 쓴다. 특별한 동기가 있어서가 아니라 단어를 고르고 문장을 잇는 행위가 흥미로워서, 그리고 쓰는 동안은 순수한 몰입에 빠질 수 있기 때문이다. 좋은 책의 훌륭한 문장을 읽으면 내 문장에 대한 부끄러움을 감출 수 없지만 그것이 누군가의 글쓰기를 금할 수는 없다고 믿기에 일단 계속 써 보기로 한다. 긍정도 부정도 하고 싶지 않은데, 내게 쓴다는 것은 쓰는 내내 부끄러움을 모른 체하는 일이다. 적당히 뻔뻔해지는 일이다.

누가 묻지도 않았는데 나의 본업은 사실 글쓰기가 아니라는 식으로 황급히 도망치듯 말한다. 그래서 본업이 무엇인지 묻는다면 딱히 할말은 없다. 지금도 쓰고 있으니까. 어쨌든 쓰다 보면 나 자신에 대해서, 나다운 것 혹은 나만의 것이 무엇인지 자주 고민하게 된다. 내가 쓰는 것은 대부분 나밖에 쓸 수 없는 것이라고 믿는다. 세상에는 좋은 글이 많고, 좋은 글을 어떻게 써야 하는지 설명하는 글도 많지만, 나처럼 쓰는 법을 가르쳐 주는 글은 없을 것이다. 가장 개인적인 것이 가장 창의적인 것이라고 누가 그랬으니까.

일단 쓰고 본다. 다 쓰고 나서 내 글이 내 책이 제일 후지고 별로인 것처럼 느껴지더라도 어떤 식으로든 도움이 될 테니까. 글을 쓰는 모든 사람은 언제나 혼자일 수밖에 없으니까. 나 자신과 비교할 수 있는 것은 어제의 나, 내일의 나 둘 뿐이라고 생각하면 꽤 괜찮아진다. 적어도 내일은 덜 후진 글을 쓸 수 있겠지. 눈치챘을지도 모르지만 이 말은 일종의 주문 같은 것이다. 글쓰기가 절망적일 때마다 일부러 하는 생각이다.

\*

　지금과는 완전히 다른 삶을 꿈꾸는 날이 있다. 그렇다고 해서 현재의 삶에 만족하지 못한다는 뜻은 아니다. '다른 삶'을 원할 뿐 특별히 '더 나은 삶'을 원하는 것은 아니니까. 더 나은 삶이 무엇인지 확신할 수 없기도 하고. 내 곁에 늘 있어주는, 가까이 있는 것들이 주는 기쁨을 우리는 잘 알기 어렵다.
　도대체 무엇이 우리의 눈을 가리고 있는 걸까?

\*

 그녀는 죽기 전까지 거의 40년 동안을 홀로 지냈다. 아무도 그녀의 집이 어디에 있는지 몰랐다. 병든 자신의 마음을 치유하기 위해 은둔했기 때문이다. 그녀는 아주 오랫동안 자연의 순수성을 들여다보았다. 바다와 나무와 모래와 먼지까지도 그녀는 사랑했다.

 심상은 언제나 순수한 백색으로 가득했다. 영상 속의 그녀는 그녀가 좋아하는 나무 스툴stool에 앉아있었다. 가장 완벽한 순간의 우연한 영감을 기다리며, 머릿속에 우표와 같은 작은 프레임이 형성될 때까지. 그렇게 떠오른 것을 노트에 먼저 작게 그렸다. 파스텔 톤의 나무 한 그루가 거기서 움을 텄다. 산촌의 운무雲霧를 연상시키는 앰비언트ambient 음악이 서서히 가까이 다가왔다. 그것은 강렬한 인센스incense처럼 타올랐고 마치 고대의 종교 의식을 준비하는 것처럼 매번 낯설고 웅장했다.

 처음에 찍힌 푸른 물감의 터치는 여름 호수처럼 고요했다. 붓이 캔버스를 쓰다듬었고, 붓질을 따라 물감이 스미는 소리가 귓가에 부스럭거렸다. 어제도 오늘도 붓질은 간결했으며 그녀 안에 끝없이 고여드는 영감을 쏟아내기 위해 자연적으로 행해졌다. 그녀는 이제 물감으로 얼룩덜룩해진 식탁보와 같았다.

거침이 없었고 아름다워보였으나, 그림 자체를 좋아하는 것은 아니었다. 매일 하는 붓질이 좋을 뿐이었다. 작은 나무 의자에 가만히 앉아있는 시간이 좋을 뿐이었다. 완성되거나 미완성으로 남거나 상관없었다. 오히려 완성이 없다고 믿었을 것이다.

다 마른 그림은 그녀에게 더 이상 손댈 수 없는, 이미 지나간 실패와 같았다. 액자에 넣어둔 그림을 마치 하나의 징검다리처럼 대했다. 그림을 그릴수록 그녀의 정신은 맑아졌고 아무도 알아챌 수 없었다. 느낄 수 없었다. 그림과 그림 사이에는 몇 번의 낮잠이 있었다. 선처럼 누워있는 따스한. 잠든 그녀의 이마 위로 투명한 나뭇잎이 내려앉았다.

\*

 '개인적으로'라고 덧붙이지 않을 것. 이만큼 쓸모없는 부사가 또 있을까 싶다. 무의식적으로 붙일 때마다 후회하는 말이다. 생각은 다 개인적이다. '객관적으로'라는 말 또한 위험한 착각이니 항상 조심할 것.

\*

 피필로티 리스트Pipilotti Rist 의 커다란 전시 포스터를 작업실에 걸었다. 그녀는 실험적인 비디오 아트와 설치 예술로 알려진 스위스 출신의 미디어 아티스트이다. 과감한 색채와 아름다운 미장센, 초현실적인 이미지들로 여성의 몸과 인권에 관한 내러티브를 주로 다룬다. 2개의 영상을 오버랩핑overlapping 한 비디오 작품 〈에버 이스 오버 올Ever is Over All (1997, audio video installation by Pipilotti Rist)〉의 선명한 리듬과 색감이 잔상처럼 남아 있다. 영상은 슬로우 모션으로 재생되고, 한쪽에는 영상을 보는 우리를 마주보며 길을 걷는 여성, 또 한쪽에는 어지러이 회전하는 앵글 속에 꽃밭이 등장한다. 하늘색 원피스와 붉은 구두를 신은 그녀는 길다란 창 같은 꽃대를 들고 길가에 세워진 차의 유리창을 내려친다. 해사한 얼굴로, 꽃대를, 휘두른다. 바로 뒤에서 경찰 한 명이 걷고 있지만 그녀를 저지하진 않는다.

 내가 구입한 포스터는 어느 다른 비디오 작품의 스크린샷일 것이다. 푸른 조명이 선명하게 드리운 유리컵에 초록색 액체가 부어지는 이미지다. 포스터 사이즈가 워낙 커서 내가 앉는 자리의 뒤쪽 벽을 거의 다 채울 정도이다. (원목 프레임에 넣는 비용으로 20만 원을 썼다. 예상치 못한 비용이라 조금 놀랐지만 고민하지 않기로 하고 그냥 맡겨버렸다. 결과는 대만족.) 컵과 액체의 아래 부분이 투명하게 빛나고 있다. 잔상 같은 입자들로 가득하다. 이미지는 무한해. 내가 있을 때에나 없을 때에나. 빛이 있는 곳에서 사물은 1이든 100이든 무언가를 반사시킨다. 책을 읽을 때나 타이핑을 할 때나 초록색 액체는 부어지고 있다. 늘어나지도 줄어들지도 않고 계속 부어진다. 그런 느낌을 등뒤에 두고 싶었다.

비디오는 돌아가고 있다. 그녀는 여전히 주인 없는 차의 유리창을 내려치고 있다. 붉은 목욕 가운을 두른 백발의 할머니가 그녀를 지나쳐 가고 있다. 나는 푸른 유리컵에 초록색 액체가 부어지는 포스터 앞에 앉아 있다. 관념은 아름답다. 포스터는 취리히Zurich에서 왔다.

\*

여름에 대해 말할 때마다 숲은 생겨나고 벗겨진다
하나씩, 이라고 말해 봐

여름이 자꾸 길어진다면 숲의 반대말이 생겨날지도 몰라
이게 다 농담의 일부라고 말하면 그럴 줄 알았다며 웃어보일까

차갑게 식은 여름과 단어 몇 개의 눅눅한 껍질

어제는 일부러 하루종일 물을 마시지 않았다
증발하거나 빼앗길 테니까
숲에 가까이 가면 방금 녹아내린 물체가 되어버리고
나무의 귀에 대고 내것이라고 속삭이면 꼼짝없이 소스라치는

장맛비처럼 쏟아지는 시간 속의
유일한 결론

거울 속에서는 숫자를 세지 않는다

죽은 적 없는 영혼들이 아름답게 착지하고
잔뜩 젖은 땅이 긴 숨을 쉬는 동안
사물들의 밑바닥은 뿌리를 내리고 있다


내일이 두렵지 않다고
이대로 터져버렸으면 좋겠다고 말해 봐
제발


가정법을 쓰는 사람과는 도저히 여름의 사물에 대해 말할 수 없었다
여름이 아닌 계절에 대해서는 약속된 게 하나도 없었다


덜 익은 무화과와 혓바늘
사과향이 나는 거품을 한데 섞어 우리면
밍밍해지고


숲과 소문은 무성해지기만 하나 봐


머리카락이 발뒤꿈치에서 자라기 시작할 즈음 우리는 일생

의 잘못에 대해 하나씩
　고백해보기로 했다
　한 명씩


　숲은 아무 잘못이 없는데
　한 명도 빠짐없이
　숲을 탓하고 있다 끝내 후회하게 될지도 몰라


　건조한 관계에서는 더이상 뿌리가 자라지 않는다는 사실을 신문 기사로 접했다
　뿌리가 부족한 숲은 둥글어지기만 할 텐데
　언젠가 숨이 모자랄 텐데


　후일담에 대해서는 아무것도 들은 바가 없고
　나무는 자꾸 웃자라버리고 사람들은 농담이나 따 먹고 있고


　누구의 거짓말이 더 착한지 이제 알겠니
　누가 알겠니

\*

  청간 해변의 바위에 앉아 여름의 대삼각형 summer triangle 을 우리는 올려다 보았다. 밤이 깊었고 해변에는 아무도 없었다. 이따금 옆 해변에서 폭죽 소리가 날아왔다. 오징어잡이배들이 수평선 위에서 환하게 불을 켜고 있었다.

  금산 강가에 캠핑 의자를 깔고 앉아서 본 반딧불이떼가 생각났다. 밝은 바다를 앞에 두고 캄캄한 산과 강을 떠올렸다. 그 순간 바다는 산과 강 사이에 있었다. 마달피라는 이름의 산이었고 그 기슭에 반딧불이 군락지가 있었다. 강은 산과 산 사이를 굽이쳤다. 밤 열 시도 되지 않았는데 뭐라도 튀어나올 것처럼 온통 까마득했다. 밝은 쪽을 피하는 반딧불이를 보기 위해 플래시를 켜지 않아 더 그랬다. 산과 강의 실루엣을 가늠하며 겨우 한 걸음 앞만 보고 조심스레 걸었다. 어둠에 조금씩 익숙해졌고, 깊이 들어갈수록 강가에 간격을 두고 자리잡은 낚시꾼들의 루어가 줄줄이 반짝이는 게 보였다. 거기에 해변 밤하늘의 별자리가 포개어졌다. 기억에 기억이 덧씌워졌다. 반딧불이는 어디서 볼 수 있나요. 당신들 정말로 거기 앉아 있나요. 개구리떼가 울었다. 산과 강이 바다와 포개어졌다. 어디서든 무엇인가 빛나고 있다는 자명한 사실이 시간을 뒤섞어주었다.

처음에는 한 마리도 눈에 띄지 않았다. 온화한 정적이 감돌았고 일순간 시야 끄트머리에서 작은 점들이 깜빡거렸다. 뭔가가 조용히 부유하고 있었다. 마치 검은 수풀 위를 떠다니는 빛나는 모래알들처럼.

반딧불이다.

아닌 것 같은데.

맞아. 반딧불이야.

와아……

어둠 속에서 우리는 경탄했다. 반딧불이 몇 마리가 수풀 위에서 알 수 없는 곡선과 기호를 그리고 있었다. 바다의 어둠과 수풀의 어둠이 포개어졌다. 파도 소리에 풀벌레 소리가 희미하게 뒤섞였다. 해변의 우리는 선명한 백조자리와, 백조자리의 별들 중 여름의 대삼각형의 한 꼭지점에 해당하는 데네브Deneb를 보고 있었다. 시간을 거슬러 타오르는 빛. 지구에서 수천 광년 떨어져 있는 데네브의 밝기는 태양이 지닌 밝기의 20만 배나 된다고 한다. 그것은 마치 무한한 기억의 강을 밝히는 반딧불이와 같을 것이다.

빛나는 것은 시선을 흡수한다. 시선을 빼앗기자 붕 떠 있는 것처럼 멍해졌다. 눈 먼 바다 위에 우리가 앉아 있었다. 강가의 낚시꾼들처럼. 아득한 어둠 속에서 기억들이 줄줄이 반짝였다. (기억이란 본디 그렇다.) 물때를 확인해보니 밀물이 서서히 시작되고 있었다. 물이 가득 차오르면 이 모든 잔상은 곧 바다에 잠길 것이다. 이제 슬슬 저쪽으로 돌아가야 해. 안 그럼 바다가 우리를 삼키고 말 거야. 목성과 토성이 서로 한 뼘 거리에 붙어 있었고 우리는 동시성의 상대성에 관해 한참을 이야기했다. 이 기억은 또 한 마리의 반딧불이가 될 거야. 과거의 기슭을 떠다니며 깜빡거리고 있겠지.

서늘한 입김과 함께 여름밤 자정이 다가오고 있었다.

\*

　사랑이 다 그런 걸까. 빠르게 가까워지고, 흠칫 놀라 뒷걸음질로 물러나고, 나도 모르는 새에 또 가까이 다가가고. 다가감은 언제나 물러남보다 크기 때문에 어쩔 수 없이 가까워지기만 해. 유난히 조심스러워.

　한없이 가까워지고 싶은 이 마음을 어쩌면 좋지. 너무 가까워지거나 너무 멀어지지 않을 수 있는 적정 선 같은 게 너와 나 사이에 있을 텐데. 말 그대로 둘 사이 어디쯤에. 정확한 위치 같은 건 없겠지만 한두 발자국 다가갔다가 한두 발자국 물러났다가 하다 보면 자연히 알게 될지도 몰라. 다가감과 물러남 사이를 오고가는 걸음. 따로 또 같이 추는 춤. 부지런한 발걸음 속에서 누군가를 사랑하는 일.

　I'd rather dance than talk with you.

　말보다는 차라리 춤을 추고 싶어. 마음보다는 몸을 흔들고 싶어. 정말로 종종 그래.

　매년 돌아오는 여름처럼 새로워질 순 없을까, 라고 생각하면 차라리 너라는 사람의 시간을 떠나가기도 하고 돌아오기도 하는 계절이 되고 싶어져. 물들거나 물들이고 싶어져. 한철이고 싶진 않지만, 계절은 반드시 새롭게 돌아오니까.

\*

　자연은 생각보다 가까이에 있어. 언제 어디에나 있고 마음만 먹으면 얼마든지 발견하고 누릴 수 있어. 한 그루의 나무와 한 알의 돌멩이에서 무수히 많은 감정을 느낄 수 있어. 우리가 보는 모든 것과 우리가 있는 모든 곳이 거대한 자연이고 우주 한가운데의 점이고 불빛이지. 기억도 상상도 아닌, 자연적인 순간들이 무한히 펼쳐져 있어. 언제든지 거기에 몸과 마음을 내맡길 수 있고. 그런 생각이 자주 위안이 돼. 느껴져?

\*

이름 없는 숲에서
흐르는 물이 되감아지고 있어

여름이 오기 전에 제대로 살아있고 싶어
나무들은 새롭게 흔들리고 싶어

두 사람의 기분은
**끝없이 두 갈래로 갈라지는 길들이 있는 정원**[1]으로 향한다
무거운 물음들을 살해하면서

어제에는 어제의 버려진 풍경들이 멈춰있기 때문에

벽처럼 과거는
매일 조금씩 느려지는 중이지
막연해지는 중이지

---

1) 호르헤 루이스 보르헤스Jorge Luis Borges 의 ≪픽션들Ficciones≫에 수록된 단편 소설의 제목

아무도 없는 거실을 떠올리면서
작고 사소하지만 가꿀수록 무한해지는 둘레의
사랑으로

넓게 감싸쥔 사랑으로

그곳에서 모든 우연이 시작되었다고 말한다

나무의 기분이 눈 속에 비칠 때 우리는 거기서 마음껏 뒹굴고
젖은 흙처럼 서로를 끌어안고
증식을 준비한다

뒹굴다 보면 다 사라질 줄 알았는데
뒹구는 동안에는 기꺼이 죽어도 좋겠다고 마음 속으로 말했다
그러다 정말로 사라지면?

침묵은 침묵으로밖에 되돌릴 수 없었다

몇 번의 키스로 호흡의 간격이 모호해지는 동안

몸밖에서
죽은 심장이 뛴다

편지의 세계는 뒤집히고 쏟아진다

그건
바깥에 있어야만 하는 거야
바깥에 있으니까 어루만질 수 있는 거야
흘러갈 수 있는 거야

손바닥에 그리는 투명한 그림처럼 절대로 지워지지 않을 거야

억지로 느려지고 싶은 기분
어쩔 수 없는 기분

그런 기분들로만 말해지는 거야
미래는
미래라는 건

얼어붙은 갈래를 깨물어 먹는 버릇 같은 거래

단숨에 영원해지는 맥박 같은 거래

나처럼
너도 한 번 뒤집어볼래

\*

　능소화가 피면 장마철이 시작된다는 뜻이야. 매미가 울면 비가 그친다는 뜻이고. 계절의 언어에는 거짓이 없지. 나무 이름, 꽃 이름 하나하나 알아갈 때마다 몸으로 계절을 감각할 수 있어. 어느 계절이든 기다려져. 문이 열리면 반가워져. 여름을 그리 좋아하진 않지만 언제부턴가 장미가 핀 걸 보면 능소화를 기다리게 돼. 장마가 쏟아질 때 떨어지는 능소화 잎을 보며 가을을 떠올리게 돼. 설레지 않아? 그런 식으로 계절을 느끼고 기다릴 수 있다는 게.

\*

거실의 웅웅거리는 커다란 냉장고 바로 옆에 전신 거울이 서 있고, 그 뒤 벽면에는 **벅민스터 풀러**Richard Buckminster Fuller[2]의 말이 적힌 흙색 포스트카드가 한 장 붙어있다. 냉장고에서 마실 것을 꺼낼 때마다 나는 풀러의 짧고 간결한 오렌지색 인용구를 읽는다.

총체성을 지키세요keep the integrity.

그는 지구라는 행성을 매뉴얼이 존재하지 않는 한 대의 우주선으로 보았다. 그는 죽기 전 4개월 동안 〈총체성의 날Integrity Day〉이라는 타이틀로 미국 전역을 돌며 지구상의 인간들이 총체성을 유지하는 일에 관해 역설했다. 지속가능한 지구를 위해서 우리는 총체성을 회복해야 한다고. 전 세대와 모든 장소의 사고를 포괄하고 통합할 줄 아는 4차원적인 시각을 가져야 한다고. 흥미롭게도 그가 1928년에 고안한 4차원 주택 디자인은 미국 특허청 1793번으로 등록되어 있다. 아이디어의 핵심

---

[2] 건축가이자 시인이자 미래학자였던 벅민스터 풀러는 1969년에 《우주선 지구호 사용설명서Operating Manual for Spaceship Earth》라는 책을 썼다.

은 항공으로 운송가능할 정도의 가벼움, 그러니까 최소한의 자재로 최대한의 공간을 튼튼하게 확보하는 것. 이 가상 주택의 면적은 148.6㎡(약 45평)인데 주택 전체의 무게는 3톤도 되지 않는다. 완전 조립식으로 공장에서 미리 제조된 부품을 사용하고, 건물 중심 기둥에 공간이 매달려 있는 구조를 취한다. 물론 이 디자인을 산업적으로 실용화하는 데에는 기술적인 제약이 많았고 시대를 앞서간 혁신적인 디자인으로 평가된다.

그는 32살 때 파산을 겪었고, 얼어붙은 미시간 호수에 몸을 던지려고 하다가 문득 새로운 생각에 빠진다.

나는 우주의 일부이고,

완전히 홀로 존재하지 않는다.

그것이 그가 마지막까지 강조한 총체성에 대한 계시였을 것이다. 냉장고 문을 열 때마다 의미를 생각해본다. 진실과 무지의 경계. 한 사람 한 사람이 차이를 만든다. 나는 어떤 차이를 만들 수 있는가. 우리는 어떻게 총체적일 수 있는가. 나는 나인 동시에 우리가 될 수 있는가.

\*

영화는, 몰입일까 도피일까?

\*

 거짓말처럼 동네가, 골목골목이 조용해지는 시간이 있다. 햇빛도 그늘도 말이 없는. 일요일 늦은 오후처럼 거리가 침묵하는 그때를 누비며 걷는 것을 좋아한다. 창성동의 집과 통의동의 작업실 사이를 매일 걸어서 오가고, 가끔 좋아하는 카페나 식당에 가기 위해 혹은 별다른 이유 없이 산책에 나설 때 주변 동네까지 걷고 돌아온다. 걷다보면 내가 이 동네를 생각보다 많이 좋아하고 있고 그래서 훗날 그리워하게 될 것임을 미리 느낄 수 있다. 걷다보면 나 자신은 어렴풋해지고 어느새 동네의 정경만 오롯이 남게 된다. 걷다보면, 가벼워진다.

 서촌으로 불리는 이 동네를 처음 걸어본 것은 대학생이던 2012년 즈음이다. 전공 과목의 과제로 영상을 찍기 위해 배경이 될 장소를 찾다가 통의동을 골랐다. 이후로 자연스럽게 가장 자주 오가는 동네가 되었고 7년이 지나 그 부근에 집과 작업실을 얻게 된 것이다. 언젠가 한 번 이 동네에서 살아볼 수 있지 않을까 하는 상상을 하곤 했는데. 주민센터에 갈 일이 생길 때면 지금도 어색하고 새롭다. 골목을 오갈 때마다 지금 이 시절이 벌써부터 아련해지기도 하는데, 말 그대로 어렴풋한 미래의 감정이라서 멀리에 두고 은은하게 음미하는 기분으로 걷는다. 걷다보면 오래된 나무들이 많아 나도 모르게 자주 멈춰 서게 된다. 그리고 그 멈춰 섬이 이곳을 걷는 커다란 즐거움 중 하나이다. 나무들은 시간에 걸터앉아 자라고 있고 계절마다 선명하게 옷을 갈아입는다. 내가 없어도 지켜보지 않아도 나무들은 묵묵히 그렇게 한다. 언제 나가 걸어도 나무들은 내가 아는 바로 그 자리에 있다. 7년 전에 본 나무와 이곳에 이사 온 날, 그리고 오늘의 내가 본 나무는 다르지 않고, 같은 거대한 뿌리가 바로 그 자리 땅 속에서 몸을 뻗고 있다. 군데군데 터주 같은 보호수가 수백 년 동안 거리와 거리의 나무들을 말없이 품어주고 있다. 그런 사실들이, 명료한 사실들의 아름다움이, 나를 자꾸 멈춰 서게 하는 것이다.

또 어떤 날은 정말로 무작정 걷는다. 그럴 때 발걸음이 향하는 곳은 꽤 높은 빈도로 궁정동의 무궁화 동산 부근이다. 궁정동을 걸으면 나는 지구에서 가장 평화로운 인간이 된다. 무궁화 동산 너머로 1층에 정겨운 비건 식당이 자리한 셰어하우스share house 건물이 보이고, 부암동 방면으로 언덕을 올라가면 낮은 기와담장 너머로 주한교황청대사관 건물이 보이고, 안쪽 골목을 따라 자하문로 쪽으로 향하면 바우하우스bauhaus 건축의 인상을 주는 어린이집이 보이고, 그 뒤쪽 골목으로 들어가면 마을버스가 서는 자리에 어둑어둑한 밤에 가장 아름답고 거대한 버드나무가 한 그루 서 있다. 나무 아래 벤치에 앉아서 느리고 온화한 바람을 기다리던 감각이 나의 오른쪽 얼굴에 새겨져 있다. 계절 냄새와 밤 공기를 맡으며 걷던 나날들이 같은 자리를 걷는 나의 뒤쪽에 달라붙는다. 자주 만나는 나무들을 만지면 시간의 촉감이 느껴진다. 매일 자라는 나뭇가지처럼 삶을 둘러싼 어떤 사실들이 조금씩 두터워진다. 걷고 또 걷다보면 아직 오지 않은 그리움도 조금씩 두터워진다.

\*

    누구에게든, 그리고 무엇이든, 사랑한다고 말하는 순간이 늘어날수록 삶은 선명해진다. 가까운 타인이 들여다볼 수 있는 나의 울타리가 조금씩 확장된다.

\*

　세상에는 다양한 유형의 인간이 있는데, 또 어딜 가나 비슷한 유형의 인간이 있다. 타인을 의식하지 않는 태도가 반드시 나쁘다고 할 수는 없지만 그것은 개인의 삶의 방식에 한정될 뿐이지 타인과 섞여 있는 공간에서 드러나는 태도는 아니어야 할 텐데. 삶은 애니웨이, 굴러간다. 부딪히거나 간섭하지 않고 각자의 속도로 굴러간다. 그들의 이야기는 그들의 삶이 굴러가며 내는 잡음일 것이다. 누구에게니 잡음이 있고 내가 거기에 간섭할 필요는 없다. 나의 잡음을 줄이는 쪽에 오히려 집중해야 하겠지.

\*

　이야기에 반드시 결론이 있어야 하는 것은 아니지만, 결론이 없는 이야기는 어쩐지 공허하다. 이야기가 끝나면 찾아오는 정적이 있고, 지금까지의 대화는 정적 속으로 매몰되어버린다.

*

    옷방 창문으로 맞은편 빌라 쪽을 내려다보면 커다란 배롱나무 한 그루가 자라고 있다. 7월부터 9월까지 분홍빛이 도는 붉은 꽃을 피우는데 지금이 8월 초순이다. 꽃이 만발하여 아침 저녁으로 눈이 즐겁다. 꽃나무 한 그루가 조용한 동네 골목을 풍성하게 채워준다. 배롱나무는 줄기를 손톱으로 건드리면 마치 사람이 웃고 있는 것처럼 잎과 꽃이 살살 흔들린다고 해서 간지럼나무라고도 불리운다고 한다. 사람처럼 간지럼을 타는 나무라니. 가까이 가서 몸통을 건드리니 정말로 꽃가지가 살살거린다. 간지럽다고 속삭이듯이. 나무와의 교감이 손장난처럼 이루어진다. 아침 8시에 내려가보니 돌담 아래 꽃잎들이 떨어진 자리가 눈이 부시게 아름답다. 꽃이 다 지고 나면 일찍부터 이듬해 여름이 기다려질 것 같다.

\*

자기 자신을 지우고 잠시 다른 누군가의 감정을 오롯이 존중해줄 수 있는 사람이 되고 싶다. 그런 사람이야말로 아름답고 위대하다.

\*

구글 맵google map 과 위키미디어 공용 커먼스wikimedia commons 에서 수백수천 년의 시간을 품은 나무들을 찾아본다. 그들은 고대의 나무ancient tree 라고 불리고, 거리의 평범한 나무들과 형태도 느낌도 많이 다르다. 거기에는 아주 오래된, 사람의 시간으로 쉽게 가늠할 수 없는 풍파와 상처가 한꺼번에 덩어리져 있다. 하나씩 폴더에 저장하다보니 수십 장이나 되었다.

그리스와 이스라엘 등 지중해 지역의 올리브나무들이 가장 기억에 남는데, 찾아본 나무들만 해도 수명이 1천 년, 2천 년 이상이었다. 올리브나무는 역사가 가장 오래된 과실수 중 하나다. 강렬한 햇빛만 있다면 다른 나무들은 도저히 살 수 없는 환경에서도 잘 자란다고 한다. 식물학자들에 의하면 올리브나무의 오랜 수명은 특별한 면역 체계 덕분이다. 메뚜기 떼의 공격을 받은 올리브나무는 화학 성분을 합성하고 바람에 실어 주변 나무에게 퍼트린다. 옆에 있던 올리브나무는 그것을 받아 메뚜기를 쫓는 화학 물질을 만들어낸다. 공격 당한 올리브나무는 얼마 안 가 죽지만, 자신을 희생해 옆 나무들을 살리는 것이다.

그들은 바위 뿐인 땅에서도 살아남고 척박한 땅 깊이 뿌리를 내려 천 년이 넘게 열매를 맺는다. 올리브나무의 두텁고 거대한 몸통을 보면 얼마나 오랫동안 겹겹이 나이테를 쌓아왔는지 느낄 수 있다. 마치 평생 몸의 단련을 게을리 하지 않아 여전히 생명력이 넘치는 노인을 보고 있는 듯하다. 언젠가 사진 속 올리브나무가 있는 곳에 갈 수 있다면 거칠고 단단한 그들의 표피를 어루만져보고 싶다. 그러면 나무의 망막한 시간이 손바닥에 전해질 것 같아서. 그리스의 라코니아Lakonia, Greece 와 이스라엘의 다윗성City of David, Israel, 레바논의 베이루트Beirut, Lebanon. 곳곳에 자라나는 지구의 수많은 터럭들.

나무들은 분명 서로를 감응하고 있고 지구는 그들 모두와 함께 호흡하고 있다. 시간을 들이켜 마시고 있다. 인터넷으로 가본 적 없는 곳의 오래된 나무들 사진을 보며 조금의 위안을 얻는다. 나무와 땅과 세계와 나는 연결되어 있다.

\*

    이 문장도, 이 한 편의 짧은 글도, 그리고 이 책도, 정확히 읽히기 전까지는 아무것도 아니다. 오래도록 표류하는 느낌들 혹은 글자들일 뿐. 황홀하고 독창적인 연주곡. 아무도 읽어주지 않아 스스로 쓰고 읽는다면, 그것은 도돌이표에 막혀 끝없이 되돌아가는 악보와 같다.
    쓸쓸하지만 외롭진 않아.
    영원한 노래를 혼자서 부른다. 괄호들로 쓰인 비밀의 노래를 부른다. 부른다기보다는 혼잣말한다.

\*

　무엇이든 다 써낼 수 있을 것처럼 줄줄이 떠오르다가 막상 자리에 앉고 나면 언제 그랬냐는 듯이 가볍게 손아귀를 빠져나가버린다. 단어도 이미지도 연기처럼. 그러면 나는 손가락 끝에 남은 희미한 감각을 더듬어 백지 위를 걷는다. 목적도 방향도 없이 아무렇게나. 발 가는 대로. 때로는 다 포기하고 드러눕는다. 그렇게 평생을 써야 할지도 모른다고 생각하면 괴롭지만 그래도 쓰는 일을 그만둘 수는 없을 것이다. 우리가 걷는 일을 그만둘 수 없는 것처럼. 요즘에는 나와 잘 맞는 춤을, 몸의 언어를 배우고 싶다는 생각을 한다. 춤을 추듯 걸어보고 싶어서. 슬픔을 주머니에 찔러 넣고서.

\*

  누군가에게 말을 거는 것보다 홀로 생각을 끌고 가는 편이 좋았다. 그래서 스스로 묻고 답하는 방식으로 쓰기 시작했다. 말할 수 없는 것들을 되뇌기 위해 썼고, 보이는 것을 말하기보다 보이지 않는 것들을 관찰하는 마음으로 썼다. 처음에는 사랑에서 비롯한 목소리를 받아 썼다. (한동안 사랑이라는 추상에 심취해 있었다.)

  이후로는 삶의 불안에 대해서든 나 자신의 결함에 대해서든 말로 하면 금방 사라져버리는 것들을 붙잡기 위해 썼다. 언젠가부터 그렇게 쓰는 일이 일종의 감옥처럼 느껴졌다. 대단한 글을 쓰는 것도 어떤 소명을 받아 쓰는 것도 아니지만, 이제는 씀으로써 나 자신을 벗어나보기도 하고 싶다. 돌밑을 들추고 거기에 아무것도 없다는 사실을 발견하듯 써보고 싶다.

  쓰는 일은 감각이다. '쓰다'와 '어루만지다'는 서로 꽤 닮아 있다. 무엇을 쓰는지보다 어떤 감각으로 쓰는지가 중요하다고 믿는다. 부끄럽지만 쓰고 나면 곧잘 희망차진다.

\*

  가장 마음에 드는 창은 탁 트인 바깥으로 커다란 나무가 한눈에 보이는 창이다. 나무가 풍경을 조금 가려도 좋다. 그런 창의 문을 열면 나무를 스친 푸르른 바람 냄새가 얼굴 전체를 시원하게 덮는다. 언제든지 고개를 돌리면 너머에 살랑이는 나무가 있다. 마음을 가라앉히고 생각에 잠기게 한다. 계절이 바뀔 때마다 인사를 건넨다. 나무에게, 계절에게, 그리고 창밖에서 보일 나 자신에게.

 

어떤 믿음이 타인이 아닌 자기 자신을 구원할 때, 그래서 믿음이 믿는 이를 집어삼킬 때, 그것은 바싹 마른 껍질처럼 공허하기 짝이 없다. 건강한 믿음은 나 자신이 아닌 누군가를 향한다.

\*

    열 장의 이야기와 다섯 편의 시. 시르트의 바닷가에서 모든 것은 영원했다. 나는 내가 싫고 좋고 이상한데 오늘처럼 인생이 싫었던 날은 멀리 있다, 우루는 늦을 것이다. 눈 속의 구조대와 바이칼 키스를. 나의 미카엘을 위한 뱀과 물. 그날들과 심연들. 밝은 방에서 고양이 비디오를 보는 고양이들. 정원가의 열두달과 페르난두 페소아의 마지막 사흘. 문체 연습이 극에 달하다. 있지도 않은 문장은 아름답고 타인만이 우리를 구원한다. 누구도 기억하지 않는 역에서 정오의 희망곡을 기다린다. 셰익스피어의 기억 속에 머나먼 섬들의 지도가 있다. 모든 저녁이 저물 때마다 훔쳐가는 노래. 바벨의 도서관에서 누드의 미술사를 배운다. 우리를 영원케 하는 것은 예상 밖의 전복의 서. 모래의 책을 여기까지 인용하세요. 다다를 수 없는 나라를 향해 시간 밖으로 여행하는 말들. 밝힐 수 없는 공동체의 형태를 찾아서. 모든 사람은 혼자지만 어둠의 속도로 두 사람이 걸어간다. 마치 불쌍한 사랑 기계처럼.[3]

---

  3) 이 텍스트는 책상 위, 그리고 서가의 책 제목들을 눈에 띄는대로 이어 붙여 쓴 즉흥시이다.

## II 지나가는 어둠

*

    이 동네에는 언제부터인지 모를 오래된 가게들이 있고 그들의 존재가 이곳을 더 살고 싶은 곳으로 만들어준다. 수 년째 바뀌지 않는 구조와 이미 죽어버린 화분도, 여기저기 묻어있는 손때와 먼지도 괜히 정겹다. 그들은 동네를 좋아하고 그래서 오래 머물고 있지만 한편으로는 싫어하기도 한다. 애증일까. 알 것도 같다. 나로서는 그들이 쌓아온 시간이 그저 고마울 따름이다. 그런데 이상하게도, 여느 때처럼 좋아하는 가게에 앉아 있는데 전부 이미 과거가 되어버린 것처럼 그리워질 때가 있다. 손에 잡히지 않는 순간들. 그런 느낌은 이 동네 뿐만 아니라 시절에도 사람에도 있고, 나 자신에게도 있다. 때로는 내 곁에 머무르는 모든 것이 참을 수 없이 그리워진다.

*

　통의동에는 은행나무가 많다. 대부분 정갈하게 다듬어지고 관리되지만 딱 한 그루가 그렇지 않은데, 통의동 마을마당 옆 경복궁 돌담을 마주한 공터의 늙은 은행나무가 그렇다. 그곳을 나는 자주 지나다닌다. 가던 길을 멈춰서게 만드는 힘이 있어서 종종 가만히 바라보고 있다가 다시 갈 길을 간다. 내 쪽에서 보이는 것이 뒷모습인지 앞모습인지 알 수 없지만, 계절에 따라 바뀌는 모습이 유난히 아름답다. 사람이 살고 있지 않은 듯한 정체를 알 수 없는 유럽풍 주택의 조용한 뒤뜰을 늠름하게 홀로 지키고 서 있다. 꽤 오래 비어있는 듯하고 그래서인지 기묘한 분위기를 풍긴다. 가을이 절정에 달하면 밑동 주변에 노란 은행잎이 수북한데 겨울이 되면 또 말끔히 치워져 있다. 봄과 여름에는 힘껏 초록을 뽐내고 주변 바닥에 어지럽게 자라는 무성한 잡초들을 거느린다. 그 나무를 찍은 필름사진과 아이폰 사진이 내겐 여러 장 있다. 다 모아서 한 편의 책자로 만들어두면 재미있을 것 같다. 귀찮아서 안 만들 것 같지만. 나무의 사연은 내가 알 수가 없고 안다고 해서 달라질 것도 없다. 그냥 그 자리에 오래도록 서 있기를 바라는 마음 뿐이다.

\*

　무의미한 것을 힘없이 무의미하다고 말할 때, 거부하지 않고 마주 끄덕이며 무의미하다고 느낄 때, 우리는 정말로 무의미해지는 것이다. 조명을 끄거나 동전을 뒤집듯이 무의미의 세계로 진입하게 되는 것이다.

\*

 나의 글로리오사, 암술 끝으로 불안을 돌출하는 장마철의 꽃, 줄기를 반으로 자를 때 어둠이 흘러내립니다 영원히 지지 않는, 절망에 무너지지 않는 사람, 이들은 온실 속에 함께 갇힐 운명입니까?

 덩굴 식물은 무용수의 몸처럼 누워 있습니다 어둠은 해먹에 묶여 있고 팔다리를 벌리면 입술은 오므려집니다 일련의 동작은 묵음 속에서 연결될 것입니다 단 하나의 숨소리로, 똑같은 꿈에서 피어나는 나의 글로리오사, 마술적인 가사말을 손바닥에 적어주세요 썩지 않는 뿌리와 줄기로부터, 메시지의 연속성과 휘발하는 영원성을 우리는 어렵게 배웠습니다 단단한 매듭을 끄르는 법도요 망각이 과거에 닿기 전에 끝내야 합니다 열렸는지 닫혔는지 모르겠는 기억의 괄호들, 그걸 여는 열쇠들, 순서는 연극을 통해 정해질 것입니다

 나의 글로리오사, 완전히 시들고 나서야 만발하는 슬픔을 기다리는, 여기 **이 어둠은 우리의 것입니까?**[4] 차가운 지하에서 음감회가 열릴 것입니다 바람은 청중을 기다리고 먼저 도착한

사람들은 낯선 광채를 뒤집어쓰고 나는 시계를 고치는 수리공의 눈으로 악보를 펼칩니다 죽음은 적당한 때를 기다리고, 붉은 의례가 시작되고, 오늘 음감회가 끝나면 시력을 잃은 예술가들의 유언이 녹화될 것입니다 오래된 화면 속 아이들은 지지직거리며 툭툭 끊어집니다 헐떡이는 듯한 움직임으로 뛰놀고 있습니다 테이프가 손상된 걸까요 누구나 시간 속에서 마음껏 넘어질 수 있습니다 **빛과 열기에 휩싸인**[4] 춤이 언제 돌아올지, 나는 모르겠지만 이제 나른하니까 창문을 닫아주면 안 될까요?

우리가 서 있는 이 무대는 하루에 두 번 정도 빛처럼 휘어집니다 그럴 때마다 서가의 정렬은 새로워지고 정돈됩니다 건너편의 모래시계처럼 뒤집어지는 나의 글로리오사, 그의 눈알을 쓰다듬으며 독백합니다 무너지고 멀어지는 흑백 무대로부터 툭툭 끊어지는 조명 아래 몇 개의 괄호를 남겨두고서

---

4) 톰 요크Thom Yorke 가 작곡한, 루카 구아디아노Luca Guadagnino 의 영화 ≪서스페리아Suspiria, 2018≫의 사운드 트랙 중 〈서스피리움Suspirium〉의 가사를 참조. 'suspirium'은 라틴어로 심호흡, 한숨, 탄식을 뜻한다.

\*

읽으면 쓰고 싶다. 읽는 행위는 쓰는 욕구를 건드린다. 문장을 읽으면서 낯선 생각이 줄줄이 딸려온다. 놀랍고 생경한 관찰들, 다르고 새로운 표현들이 책 바깥의 나를 확 끌어당긴다. 그러곤 몇 개의 단어와 이미지를 던져 준다. 생각은 마른 낙엽처럼 불이 붙지만 문장으로 써서 남겨 두려고 하면 이미 다 타버린 다음이다. 희미한 느낌만 재처럼 남아있다. 그러면 재라도 긁어 모아 써낸다. 신기한 것은 작정하고 앉아서 쓰는 것보다 재를 모아 써낸 것이 마음에 들 때가 더 많다는 점이다.

\*

　올해가 어떻게 다 갔는지 모르겠어. 해가 끝나갈 때마다 오가는 말이다. 절반 정도의 허망과 절반 정도의 단념이 뒤섞인 한 마디로 일년을 돌아보는 것이다. 뒤를 돌아보고, 뒤죽박죽인 기억을 회상하고, 올해라는 시간의 문이 닫혀가고 있다는 걸 느낀다. 정말로 문이 닫혀버리면 다시는 돌아갈 수 없다는 걸 알기에 헛헛해진다. 후회와 미련이 묻은 대화 속에 새로운 다짐을 덮어 씌우며 한해를 간직한다. 일년은 도대체 어떻게 지나가는 걸까. 한 살 한 살 나이를 먹을 수록 태어난 날을 축하받는 일이 무색하다. 마음은 지난 시절에 머물러 있고 나이는 점점 더 정말로 숫자가 되어간다.

\*

나무들은 다 알고 있다.

나무들은 기억한다.
방을, 거실을, 에피소드episode 를 현실과 같이
들여다본다.

나무에게 시간은
형태가 없는 요람처럼 있다.

나무의 속도는 의외로 현혹적이고 일관되다.

나무들은 포기할 줄 알고
독창적이다.

사라진 나무들의 에피파니epiphany.

나무가 보이는 창문은 어디서나 연결되고

흐린 창가에서

나무는
인디언처럼
노래를 부른다.

눈도 눈물도 없이 나무들은
내리 슬프다.

슬프기만 하다.

빛들에 의해 에필로그epilogue 는 역으로 전개된다.

나무들은 처음부터 다
알고 있었다.

\*

거울이 있으면 시선이 향한다. 무언가를 확인하듯이, 확인해야만 한다는 듯이.

우리는 때때로 형상image으로만 존재한다. 마주하는 모든 사람과 사물이 서로 거울이 되는 것이다. 비추어질 때 불행하다. 거울 속에 있는 것은 형상이지 내가 아니다. 거울은 없어질 수 없으므로 거울을 가리는 연습을 해야 한다. 그러면 거기에 형상은 없다. 거울도 없고 나만 있다.

\*

    어느 오후 창가에 둔 보스턴고사리 화분 위로 크고 흰 나비가 들어와 내려앉는 바로 그 순간 세계는 얼어붙어 있었다. 그게 나비라는 걸 뒤늦게 깨달았다. 얼마 뒤 나비는 아무 일 없던 것처럼 자연으로 돌아갔다. 그때 그 나비가 창가를 맴돌던 궤적은 여전히 거기에 고정돼 있다. 어느 집으로 이사를 가도 거실 창가에 그날의 궤적이 남아있다. 나비에겐 악의가 없다. 이제 나는 보스턴고사리를 키우지 않는다.

\*

　바다 속의 긴 터널을 지날 때 나는 다시 태어나는 기분을 느꼈다. 터널의 입구로 들어설 때의 긴장감을 잊을 수 없다. 돌아갈 수 없을지도 모른다는 불안감. 어디로부터 온 건지 알 수 없기 때문에 어디론가 사라져버려도 전혀 이상하지 않을 거라는. 어쩌면 정말로 다시 태어난 건지도 모른다. 터널 반대쪽의 세계에서 말이다. 이미 지나온 터널 너머의 세계에 대해서는 다 잊어버린 채. 이쪽과 저쪽이 서로 다른 세계라는 걸 인지하지 못한 채 살아가고 있는 것이다. 엉뚱한 감각들. 현실과는 아무 관계도 없는 기묘한 감각들이 새로운 세계를 꿈꾸게 한다. 돌아갈 수 없어도 좋다면, 돌아가지 않아도 좋다면. 은유적으로 우리는 다시 태어날 수 있다. 또 다른 내가 된다거나, 두 개 이상의 내가 된다거나.

*

빛들의 미로를 헤매다 과거를 토한다
현재가 되지 못한

말없이 얼굴을 돌리면 모르는 얼굴이 거기에 있다

아는 얼굴은 찬란하고
모르는 얼굴은 어디론가 항해 중이다

알다가도 모르겠는 그때 생각이 나

기억은 갈래보다 틈새를 좋아하고
발굴된 시절이 터질 듯이 벅차오른다

불필요한 간극
단 하나의 되감기를 위한
숨
궤도
현기증

밀고 들어오는 얼굴
한 사람의 중력
생의 반작용


읽을 수 없는 향연
장면들


알약은 서랍 속에
영수증은 얇은 셔츠의 포켓에
머리카락은 웅웅거리는 냉장고 밑에 있어


옷걸이는 스웨터를 기다리지 않아


깨진 안경 다리


얼굴은
언제라도 멸종될 수 있다

\*

곧 폭풍우가 온다네
창문을 살짝 열어 두는 게 어때
화분은 밖에 내어 두고 무너지는 빗소리에 갇혀 있자
흙 젖는 냄새 속에 은은한 삼나무 향을 태우자
비구름 너머 햇빛에 대해서는
잊어버리고


**펠라고스**pelagos[5],
**살로스**salos[5],
**암모스**ammos[5].


깊은 밤 우레가 치는 찰나에 우리는
한 장의 흑백 스케치가 될 거야
에게해의 섬처럼 절대로
가라앉지 않을 거야

---

5) 그리스어로 펠라고스pelagos 는 바다, 살로스salos 는 파도, 암모스ammos 는 모래를 뜻한다.

\*

  초겨울 늦은 오후 파주행 버스를 탔다. 볼일이 있어 가는 것인데 목적 없는 사람처럼 앉아있고 싶어 멍하니 창밖을 보았다. 먼곳보다 더 먼곳을. 아득한 기분을 느끼고 싶었다. 버스는 강변북로를 넘어 자유로를 따라 북서쪽으로 달렸다. 한강 쪽에서 깊숙이 뻗어 오는 뿌연 노을이 버스를 붉게 물들였다. 영화적인 색감이었다. 파주에 다다르니 땅거미가 지고 있다. 낮고 모던한 각양각색의 건물들, 쾌적해보이는 형태의 주택들, 활기가 부족해보이는 들과 언덕이 고요한 저녁을 맞이하고 있다.

  목적지까지 버스가 들어가지 않아 미리 내려야 했다. 직진해서 더 올라가야 했지만 버스는 노선을 따라 우회전할 것임을 알렸다. 내리자마자 무선 이어폰으로 드뷔시Claude Debussy를 들었다. 왜인지 모르게 초겨울 파주가 드뷔시를 연상시켰기 때문이다. 뚜껑이 닫힌 피아노를 연주하는 드뷔시를 생각했다. 파주에서 연주되는 모든 피아노의 건반에 대해 생각했다. 조금 걷다보니 추모공원이 보였다. 예술마을 부근이었다. 규모가 꽤 컸다. 플라타너스가 공원의 둘레를 빙 둘러 지키고 있었다. 그 너머로 계단식 묘지들이 보였다.

  땅거미는 보랏빛으로 변해 있었다. 목적지는 생각보다 멀었고 충분히 걸을 수 있다고 생각하니 좋았다. 공원 외곽을 따라 오르막을 걸었다. 나무 몇 그루가 인도 바닥에 고꾸라져 있었다. 깔끔하게 잘 관리된 4차선 도로가 텅 비어 있었고 걷는 사람도 나밖에 없었다. 잎을 다 떨군 가로수의 그림자가 지워지고 있었다. 스산한 꿈을 꾸는 듯한 선율이 귀를 채웠다. 이어폰 볼륨을 낮추니 개 짖는 소리가 들렸다. 먼곳보다 더 먼곳에서. 나와 드뷔시와 개 한 마리 뿐이었다.

오후 6시를 넘기자 해는 자취를 감췄고 지상은 캄캄해졌다. 아무도 없는 오르막길이 밤의 목구멍으로 향하는 길목 같았다. 완전히 혼자가 되어 걸었다. 기이한 시간이었다. 목적지를 지나쳐 계속 어딘가로 걸어나가면 이대로 영원히 걸을 수도 있을 것 같았다. 먼곳보다 더 먼곳으로. 그로부터 한달이 지났다. 이 날을 생각하며 파주라는 지명을 발음하면, 입술 위로 살짝 올려보내는 맨뒤 모음의 끝에서, 붙잡을 수 없는 기억이 허공으로 멀어져 가는 듯하다. 완전히 혼자가 되어 걷는 나 자신이, 텅 빈 도로를 걷는 나 자신의 뒷모습이, 눈앞에 보일 것만 같다.

\*

　거리는 침묵한다. 건물과 식물이 겹쳐 보일 때 밝은 지붕은 침착하다. 골목은 촉촉하다. 창문이 속삭인다. 벽면은 약속한다. 기둥은 조금씩 기울어진다. 입구는 일그러진다. 문을 두드리면 빛이 고함을 친다. 어둠이 정중히 퇴장한다. 의자가 촘촘히 늘어선다. 조명은 춤을 춘다. 바닥은 흐르고 있다. 옥상으로 올라간다. 바람은 무참히 꿰뚫는다. 과거는 이륙을 준비한다. 지상의 그림자가 한곳에 모여든다. 전신주는 감추지 않는다. 슬픔이 딱 붙어있다. 거짓을 작정한 사람은 아무도 없다. 자연스러운 거짓이었다. 환영과 함께 건물을 빠져나온다. 우리는 이제 빛들이 우거진 땅으로 간다. 처음부터 함께였던 것은 아니다. 과거는 응답이 없다. 호젓한 숲을 지나 강물을 따라 걷는다. 땅은 흐르고 있다. 발자국은 혼자가 된다. 지평선은 달아난다. 사건은 저곳에 있다. 없다고 믿으면 없다. 강물이 좁아지고 있다. 희망을 방생한다. 시공간이 분절된다. 세로와 가로가 영원히 멀어진다. 차원이 둥글어진다.

\*

　진실, 절망, 겨울, 공허, 환상…… 인간이 한 단어를 살아내는 일에 관해 생각한다. 그것은 새하얀 공백 위에서 완결되지 않을 무한한 텍스트를 이어나가는 것과 같다. 동시에 사각거리는 관념의 소리들이, 내겐 들린다.

\*

 소나기가 내린다. 작업실 창문에 빗방울 두드리는 소리. 의자에 앉아 브래드 멜다우Brad Mehldau를 들으며 구름 낀 산의 능선을 멍하니 본다. 요 며칠 줄기차게 내린 비도 오늘만큼은 쉬어갈 것 같더니. 문득 생각나는 집. 테라스에 빨래가 널려 있는데, 어제부터 널어놓아 아침에 출근할 때 보니 거의 다 말라 있던. 우산은 챙겨 오지 않았고, 달리면 집까지 단 1분. 얼른 집으로 가 빨래를 걷을지 말지 앉았다 일어났다 몇 번이나 망설인다. 이미 다 젖었을 텐데. 그냥 지금 이 빗소리를 즐기자. 거세지는 빗발. 창문을 활짝 열고. 볼륨을 높이고. 팔로산토palo santo 스틱을 태우자. 간결하지만 포용력 있는 재즈 피아노와 함께 늦여름의 습도가 밀려든다. 젖은 빨래 걱정일랑 잠시 귀퉁이를 접어둔다. 가끔 이렇게 아무래도 좋은 순간이 있다. 괜찮다고 생각하면 다 괜찮다. 어떤 일이든 잠시 괜찮아진다.

\*

**길에서 얼어죽은 여자의 신문 기사**[6]를 읽었네. 누구의 방해도 없이 자유롭게 죽어 간. 자유와 방랑은 무엇이 다르지. 길에서 마시는 샴페인과 오후의 테라스에서 마시는 몰트 위스키는 무엇이 다르지. 당신은 왜 숲이 위험하다고 말하지. 내가 숲에서 죽는 것을 보았기 때문에? 깨진 거울 조각을 줍다가 숲까지 갔기 때문에? 숲으로 내가 사라졌기 때문에? 하지만 숲은 우리를 기다린다. 죽어가는 플라타너스 나무들 사이를 검고 깊은 영혼이 자유롭게 옮겨 다닐 때. 잃어버린 감정이 썩어가는 소리에 당신은 귀를 기울인다. 시칠리아에서 크레타 섬까지. 돌처럼 굳은 빵을 씹고 감정을 태우는 방랑자. 그것은 오아시스일까? 오랜 시간이 흘렀다. 물을 좀 얻을 수 있을까요. 자유와 방랑은 무엇이 다르지. 시간에 정착하지 않으면 우리는 무엇을 가질 수 있지. 갈라진 앙상한 미래들. 외로움이 우리를 갉아먹을 때. 시스템 속에서 녹슨 자유. 슬픈 침대 위에서 누구나 유목을 배우지. 훔쳐먹는 치즈가 좋아서. 라디오로 듣는 음악이 탐나서. 죽음이 머무는 땅을 향해. 겨울 벌판의 나무 토막. 해

---

6) 아녜스 바르다 Agnes Varda 는 길에서 얼어죽은 여자에 관한 신문 기사를 읽고 방랑자의 이야기를 떠올려 ≪법도 지붕도 없이 Sans Toit Ni Loi, 1985≫를 찍었다.

묵은 더러운 침낭과 머리카락이 잔뜩 붙은 이불은 무엇이 다르지. 팡, 하고 터지기 전에. 사람이 어떻게 시들지 않을 수 있지. 춤과 키스가 시들지 않는 꽃을 피우지. 사랑한다고 말하는 순간에 떠나버린 이들은 어디서 또 사랑을 말하고 있나. 법도 지붕도 없이, 사랑은 길에서 얼어죽었네.

\*

　선택에는 후회가 따른다. 진심에 따른 선택이라 할지라도, 그것이 어느 쪽을 향한 후회라 할지라도. 작든 크든 가볍든 무겁든 우리는 평생 그것을 등에 업거나 품속에 간직한 채 살아가지만, 후회하는 마음이 무언가를 책임져주지는 않는다. 오히려 돌이킬 수 없기 때문에, 돌아보고 싶은 충동을 느낀다. 정작 돌아보면 거기에 남아있는 것은 수많은 뒷모습 뿐. 돌이킬 수 있다 한들 그 시점에 우리가 할 수 있는 것은 똑같은 선택일 것이다. 바로 그 시점에, 할 수 있는 것은, 몰래 누군가의 뒷모습을 돌아보는 것이다. 그리고 아무 일도 없었던 것처럼, 버려진 달력 같은 기억을 씹어 삼키며 다시 나아가는 것이다.

\*

 파도와 같은 감정을 단숨에 가라앉게 만드는 것은 진심에 가까운 말 한 마디다. 깊은 곳에서 끌어올려지는 말들. 모든 것을 용서할 수 있을 때, 그래서 생각을 다 없애고 커다랗게 안아줄 수 있을 때 사랑이 우리를 용서한다. 우리를 용서하는 것은 우리 자신이 아니다.

\*

　월요일 오전에 출발해서 늦은 오후 도착한 하동의 산 중턱. 아무도 없는 곳을 목적 없이 걷는다.

　삼월 초. 아직 봄이 도착하지 않아 매화가 피기 전인 고요한 산골. 자연 속에 홀로 있으면 존재가 지워지는 기분이 든다. 바람 한 점 불지 않아 나무들이 정지해 있다. 서서히 옅어지는 빛과 낯설게 다가오는 땅거미. 복층 숙소의 냉장고가 돌아가는 소리와 낡은 커튼 너머로 들리는 창밖의 개울물 소리. 열지 않아도 느껴지는 몇 겹의 어둠.

　다음날 새벽에 일어나자마자 숲길을 걷기로 한다. 아침을 간단히 해결하고 개운하게 목욕을 한 다음 길을 나섰다. 얼마나 걸릴지 모르는 길이라 설레기도 했는데 설마 왕복 8시간이 걸릴 줄은 몰랐지. 회남재라는 산고개를 넘는다. 어느 정도 가다가 뒤돌아 내려다보면 자꾸 새로워지는 풍경들이 있다. 아름답구나. 그래서인지 걸어도 걸어도 끝이 보이질 않네. 눈먼 부엉이를 만날 수 있을 것 같아.

　회남재에 다다르니 그냥 돌아갈지 마저 걷고 돌아올지 고민이 된다. 여기까지 왔는데 이렇게 돌아갈 수는 없지 하는 마음으로 다시 걷는다. 돌아가고 싶었지만 한 걸음만 내딛으면 거기부터 다시 새로운 시작이다.

그리고 회귀. 아무 생각 없이 숙소로 돌아가는 길. 나뭇가지 사이로 파고드는 해. 빛의 살결. 선명하고도 투명한 감각이 나를 움켜쥔다. 왕복 30㎞에 달하는 코스. 걷고 또 걷다보면 지칠 대로 지쳐서 막바지에는 걷지 않을 수 없어 걷는다. 무슨 죽지 못해 사는 것처럼. 이대로 멈출 수는 없으니까. 걷는 나와 그걸 보는 나. 걸음 바깥의 의식이 걷는 내 모습을 측은하게 바라본다. 두 다리를 움직여 걷는 게 아니라 무의식이 나를 걷게 한다. 질질 끌다시피 데리고 간다.

얼마나 걸었을까. 무릎과 발바닥이 저릿해오기 시작한다. 돌아가는 길은 끝날 듯 끝나지 않는다. 이걸 왜 걷겠다고 했을까 솔직히 후회도 조금 한다. 그래도 산자락의 밤 공기처럼 머릿속이 깨끗하고 상쾌하다. 그런 생각도 잠깐, 다시 인내의 연속이다. 거의 포기하기 직전의 기분으로 앞만 보고 걷다보면 어느새 출발할 때 본 길들이 나타나고, 숙소 근처 다른 집에서 키우는 개가 나를 보고 짖어온다. 출발할 땐 꽤씸했는데. 그렇게 반가울 수가 없다.

숙소에 도착해 땀에 젖은 온몸을 씻어낸 다음 기절한 것처럼 잠에 빠진다. 아주 멀리서 들려오는 것 같은 창밖의 개울물 소리가 어스름한 잠 속에서 나를 꺼낸다. 꿈결 같은 저녁이다. 바람은 여전히 고요하고 봄꽃은 저기 산 아래 초입에 있다.

꿈일까?

눈을 떠. 돌아가야 해.

어디로?

네가 선택한 갈래로.

마음을 털어내고 다시 시간 속을 걷는다. 시간 속으로 걸어 들어간다.

\*

  삼월이었다. 통영 소매물도로 가서 바닷길이 열린 동안 이끼에 덮인 둥근 돌의 사진을 실컷 찍었고 (흑백 필름이 들어있을 줄은 그땐 몰랐고) 절벽 앞의 등대 아래서 처음 보는 아주머니들과 하동에서 받아온 곶감을 나눠 먹었고 햇빛이 부서지는 바다와 낚싯배를 내려다보며 아직 오지 않은 기나긴 여름의 몸살을 생각했다. 아무 생각도 하고 싶지 않았지만 섬을 걷는 내내 그럴 수가 없었다. 걸음은 생각의 물레니까.

  예두아르트 아르테미예프Eduard Artemiev 의 〈**리슨 투 바흐**Listen to Bach〉[7]를 반복해 듣는 동안 칠월이 왔다. 다른 사람은커녕 나 자신의 감정조차 이해할 수 없다는 사실에 한동안 공허했다. 어느 누구도 자신의 사랑을 꺼내어 보여줄 수 없으니. 모든 게 허상처럼 느껴졌다. 다행히도 나는 내가 보고 온 매끄럽고 단단한 돌들을 기억한다. 한두 개쯤 주워 올 걸. 이해할 수는 없지만 기억할 수는 있다. 돌들은 계속 거기에 있고 바닷길은 열리거나 닫히거나 아름답고 세상이 쓸쓸해도 마음은 무성해지고 누구나 홀연히 사라지고 싶은 시월이…… 오고 있다.

---

  7) 안드레이 타르코프스키Andrei Tarkovsky 의 영화 ≪솔라리스Solaris, 1972≫의 사운드 트랙. 예두아르트 아르테미예프Eduard Artemiev 가 음악 감독을 맡았다.

\*

　화이트 산세베리아Sansevieria Silver Queen를 키우기 시작했다. 꼿꼿한 녹색 잎에 흰빛 줄무늬가 세로로 섞여 있어 언뜻 보면 은빛을 띈다. 흔하게 볼 수 있는 산세베리아에 갑자기 반하게 된 것은 어느 사진집 때문이다. 암스테르담 시립미술관Stedelijk Museum Amsterdam은 1945년부터 1983년까지 전시실 내부에 식물을 두었는데, 당시 사진을 모아 출판한 책[8]이었고, 후반부에 실린 식물 관리자의 인터뷰에서 그가 집으로 옮겨 키운 40년 된 산세베리아 사진이 시선을 붙들었다. 사진 속 산세베리아는 양팔로 다 안을 수 없을 만큼 거대해 보였고 책장 앞에 천장에 닿을 듯이 서 있었다. 집에 들인 산세베리아를 리스본에서 산 빈티지 아라비아 핀란드arabia finland 화분에 심었다. 50년쯤 된 것이지만 긴 시간이 무색할 정도로 깨끗했고 잘 어울렸다. 새 화분에서 적응을 마치고 새순을 올리는 중이다. 눈에 들어올 때마다 40년 뒤의 산세베리아를 상상한다. 식물이 지니게 될 시간의 나이테를, 무수한 빛처럼 포개질 미지의 날들을 떠올리며, 내일을 살아낼 희미한 용기를 얻는다.

　8) 잉게 마이어Inge Meijer의 사진집 ≪더 플랜트 콜렉션The Plant Collection(Roma Publications, 2019)≫

\*

 어떤 기억은 무수히 반복된다. 누구에게나 그런 하루가, 투명한 구슬 속에 갇힌 기억이 있다. 수면 위로 떠올라 선명하게 재생되는 장면들. 거기에 나는 부재한다. 같은 괴로움이 상영된다. 거의 그대로 겪어진다. 바꿀 수도 돌이킬 수도 없는, 뜨겁게 녹았다가 차갑게 굳어버린 그날이.

\*

    결국 무엇이 중요한가? 라고 묻는다면 결국 사람이라고 말할 수 있을 텐데, 사람들은 저마다 섬이나 거울 속에 고립되어 있고, 나 또한 혼자인데, 그러나 반드시 혼자만은 아닌 이 세계에서, 가장 가까운 타인에게로 끝없이 달리고 갈망해야 하는 운명인 것이다.

    누구나 열려있는 동시에 닫혀있다. 아무도 모르게 눈물을 훔치는 우리는, 혼자인 모든 사람은.

\*

눈물이 없는 나는 **토요일에서 화요일**⁹⁾로 간다 요일과 행성을 구분짓는 것은 요일에도 행성에도 속할 수 없는 인간 뿐이다

카미유 앙로Camille Henrot 에 의하면 다양한 언어권에서 '이해understanding' 라는 단어는 몸으로 무언가를 넣는 의미가 있다고 한다 무슨 말인가 싶었는데 지금은 알 것도 같다 잘 이해할 순 없지만 말이다

일본어와 독일어, 두 개의 언어로 글을 쓰는 다와다 요코Yoko Tawada 는 스페인어를 전혀 모르지만 가끔 스페인어로 악몽을 꾼다고 한다 외국어 악몽, 우리가 말들을 여행하는 것 같지만 실은 말들이 우리를 여행하고 있는 것이다 **아무것도 없는 곳에만 네가 있듯이**¹⁰⁾ 우리는

---

9) 아트선재센터Art Seonjae Center 에서 카미유 앙로의 개인전이 《토요일, 화요일 Saturday, Tuesday, 2020》이라는 타이틀로 열렸다.
10) 독일어와 일본어로 출간된 다와다 요코의 시·산문집 제목은 《네가 있는 곳에만 아무것도 없다Nur da wo du bist da ist nichts (Nothing Only Where You Are), 1987》이다.

가끔은 일부러 악몽을 꾸고 싶어 언어의 감옥을 탈출하고 싶어 우주의 루틴을 깨부수고 싶어 별들의 고독을 두 눈으로 삼키고 싶어 우주의 모든 타원에 손끝을 베이고 싶어 우울한 사물들 대신 눈물을 흘리고 싶어

눈물을 되찾은 나는 화요일에서 토요일로 간다 수요일은 효율이 떨어지기 때문에 금요일 밤에 만나서 가기로 한다

신생아가 태어날 때마다 인류는 절망하고 있다 이것은 전지구적인 문제이기 때문에 인간이 희망을 갖는 방식에 관여할 수밖에 없고 희망은, 우리와, 함께 걷지 않는다 우리와 함께 걷는 것은 언제나 귀여운 동물들 뿐이다 그렇다면 우리를 이끄는 것은 누구이지? 어째서 새로운 내일을 논할 수 없는 거지? 이해와 악몽은 무엇으로 이루어져 있지?

다양한 질문들로 인해 정체성은 고립되지 않을 것이다 원탁의 대화는 모호하고 시끄럽다 시대를 관통해 부유하는 침묵을 혀밑에 감추는 동안

여덟 번째 요일의 행성이 태어나고 있다

\*

  시간과 돈, 양쪽 모두에 쫓길 때는 의미에 관해 생각하기를 미루게 된다. 반대로 시간과 돈 양쪽에 덜 쫓기며 살 수 있게 되면 도대체 산다는 것이 무엇인지, 무엇을 위한 것인지 이전보다 더 자주 의미에 관해 생각하고 고뇌에 빠지게 된다. 식사를 건강하게 챙겨먹는 것. 규칙적으로 적당한 수준의 운동을 하는 것. 보고 싶은 영화를 보고 읽고 싶은 책을 읽는 것. 하고 싶은 일을 내킬 때 하는 것. 원하는 것을 이루면 어떤 기쁨과 기억할 만한 순간을 누릴 수 있지만 결국 제자리로 돌아오면 다시 공허할 뿐이다.

  원한다는 것은 뭘까? 나는 무엇을 원하고, 내가 무엇을 원하고 있는지 어떻게 알 수 있을까? 그것은 정말로 내가 원하는 것일까? 삶은 유한하고, 유한한 시간 속에서 나는 어떤 방식의 삶을 살아야 할지, 무엇이 나에게 맞는 방식이고 선택일지 알고 싶다. 당장의 목표를 이룬다면, 그 다음에는 또 어떤 목표가 기다리고 있을까. 그리고 또 그 다음에는 어떤 목표를 이루고 싶어질까. 끊임없이 부지런히 목표를 이루고 일구는 삶이 옳을까 순간마다 마음이 가는대로 후회없이 사는 삶이 옳을까. 옳은 삶이라는 것은 존재하지 않으므로 지금처럼 내면의 목소리가 가리키는 방향으로 나아가는 것이 유일한 트랙이 아닐까. 그렇다면 멋대로 살아도 좋은 걸까. 누가 뭐라 하든.

 산다는 것의 의미가 삶의 끄트머리 어디쯤에 있다는 생각이 혹시 착각인 게 아닐까. 삶 이후에 의미가 발견되는 것이 아니라 의미란 오직 지금 이 순간에만 있는 것은 아닐까. '어딘가'에 있다는 생각 자체가 착각일지도 모른다. 아니, 착각이다. 그런 건 어디에도 없다. 아무것도 주어져 있지 않기 때문에. 현재를 산다는 것. 오늘 일어난 일들, 거기에 속하는 아주 단순한 사실들이 전부일지도 모른다. 현재와 과거와 미래에 관한 생각을 멈출 수는 없다. 태어나면서부터 형성된 시간 체계를 거부할 수는 없으니까. 나는 오직 현재를 느끼고 느끼는 즉시 현재는 늘 이미 지나가고 없으므로 나는 현재에도 과거에도 미래에도 없는 것이다.

 일요일 같은 날들에 마음의 안식을 두고 일주일 단위의 현재를 살자. 일년 중 오직 겨울을 기다리며 산다면 그것은 일년 단위의 현재를 사는 일이 된다. 현재의 범위와 단위를 조금씩 좁혀나가기로 하자. 하루 단위의 현재를 살 수 있을 때까지. 내가 살아가는 방식을 선택하는 일이 곧 존재를 자각하는 일이고, 그것이 의미보다 중요하다. 나는 목표를 원하지 않는다. 휘발하는 현재에 관해 자주 생각한다. 그것이 내가 희망을 취하는 방식이다.

\*

　경복궁으로 아침 산책을 나간다. 오전 9시에 영추문迎秋門이 열리자마자 입장하니 인적이 거의 없다. 동쪽 문은 봄에 해당하여 '춘春'을 붙이고, 가을에 해당하는 서쪽 문은 '추秋'를 붙인다. 그래서인지 영추문 앞길은 가을에 가장 걷기 좋다. 가을이면 건강하게 관리된 은행나무들이 청와대 쪽으로 쭉 뻗은 풍경을 노랗게 물들인다. 영추문 안으로 들어서면 온갖 한국의 나무들이 심어진 넓은 정원이 펼쳐져 있다. 시간이 지키는 문턱을 건너온 듯한 고요함. 왕버들 아래 벤치에 홀로 산책 나온 외국인 관광객이 앉아있다.

　궁궐의 나무들은 우아하다. 라일락나무와 황매화나무, 그리고 왕벚나무. 모두 저마다 빼어나지만 오래 눈을 붙잡는 것은 경회루 연못가의 능수버들이다. 연못 앞 벤치들 사이에서 아래로 늘어져 나부끼는 줄기 끝을 물에 적실 것처럼 굽어 서 있다. 공중에 떠 있는 물결처럼 흔들리는 모습이 오래 그리워해온 누군가처럼 포근하다. 가느다란 줄기가 마음을 다 헤아려줄 것만 같다. 언제라도 와서 앉아 바라보고 있고 싶은 능수버들의 다정함. 정원에서 혼자 가만히 보내는 쓸쓸한 순간들. 순간을, 시절을, 그리고 기억을 조용히 떠나보내는 일.

벤치에 앉아 연못 위에 떠 있는 경회루를 바라본다. 수십 년 수백 년의 시간이 하나로 덩어리져 가슴에 덜컹 내려앉는다. 바닥의 모래먼지가 운동화에 묻어나고, 흩날린 버들잎이 머리카락을 간지럽힌다. 가을 바람에 서어나무 잎사귀 부스럭거리는 소리가 들려온다.

\*

나무와 돌의 이론에 의하면
사람이나 사물이나 뼈와 나이테를 가진다

높고 환한 등대 아래
영혼들

나무와 돌의 실험에 의하면
한밤중의 낯선 마을에서만 가질 수 있는 안정감이 있다

누군가
온갖 소문을 수거해 불에 태우기 때문이란 걸
떠나고 나서야 깨닫게 된다

시간은 폐교의 사물함처럼 텅 비어 있고
20세기 오디토리엄auditorium 의 낡은 스피커처럼 웅웅
울고

여러 갈래의 해변에서

나무는 돌을 굴리고 돌은 나무를 굴리고
우리는 우리를
수습하고

세계의 둘레를 따라 일정한 간격을 두고 단어를 나열해 꿰매는 작업이 한창이다

뼈와 나이테를 누가 여기에 버렸지?
이렇게 하면 과거를 지울 수 있다고 믿나?

나무와 돌의 이론을 연구하는 사람들이 한곳에 모일 것이다
하늘거리는 살구색 블라우스를 입고
전문가를 위한 도구를 손에 쥐고

뼈와 나이테를 꺼낸다

이론적으로 그들은 나무와 돌의 관계를 오해하고 있다 또는 형식적으로
낯설어지기 전에 떠나야 한다

먼지와 이끼를 향한
전언들

혼자 있고 싶어
말들의 영혼이고 싶어
난파선처럼 뒤집힌 채 다가가고 싶어

처음 보는 바다가 불길에 휩싸여 있고
돌은 나무를 떠난다

스스로 유물遺物이 된다

\*

언어는 살아있다. 글을 쓰고 책을 만들면서 종종 실감하기도 한다. 널리 쓰이면 활발하게 확장되고 쓰이지 않으면 동식물처럼 멸종되기도 하는데, 이미 전 세계 언어의 절반 이상이 멸종 위기에 처해 있다고 한다. 소수 언어가 사라지는 속도는 점점 빨라지고 있으며 영향력이 큰 주류 언어가 그렇지 못한 소수 언어들을 공격적으로 잡아먹고 있다고 한다. 이번 세기가 지나면 절반도 남지 않을 거라고 언어학자들은 전망한다. 언어는 문화의 유전자이다. 그래서 마지막 화자가 죽으면 언어는 죽는다. 한 사람이 죽는 게 아니라, 한 공동체의 영혼이 소멸하는 것이다. 내가 쓰는 언어가 언젠가는 죽을 수도 있다는 사실이 커다란 충격으로 다가왔다. 어떤 언어를 마지막까지 홀로 간직한 채 죽어가는 존재가 되는 것은 어떤 기분일까. 희망일까 고독일까. 사라지는 언어는 유물이 될까 열쇠가 될까.

\*

  사랑을 하는 사람은 이미 어느 정도 예감하고 있다. 사랑의 환상도, 모순도, 거부할 수 없는 상실도, 그 안에 속해 있는 일말의 덧없음도. 아무리 애를 써도 이해할 수 없는 현실까지. 그렇다고 도망쳐서는 안 된다. 자기 안의 사랑을 새롭게 모색해야 한다. 용기를 내 말을 걸어야 한다.

\*

　시가 멈추지 않는 것과 동일한 방식으로, 사랑도 멈추지 않는다.

\*

　우리는 우리를 버렸다. 세상도 시간도 우리를 버리지 않았다. 우리가 우리를 버린 것이다. 아마도 처음 그 순간부터 예견된 버림과 버려짐. 아무도 우리를 버리지 않았다. 버려지는 것은 단 한 번 뿐이고 절대로 돌이킬 수 없다. 이미 드러난 폐허를 우리는 동시에 떠날 수 없다. 한 사람이 먼저이고 다른 한 사람은 나중이다.

\*

모든 회상에는 관성이 존재한다.

Ⅲ 기억과 감정의 유물론

\*

　누군가의 창가에 책들이 세워져 있다. 서로 기대어 의지하며 나란히. 기울어진 모습으로. 어떤 책은 뒤돌아 있고 또 어떤 책은 누워 있다. 언제 처음 그 자리에 놓였는지 잊었을 만큼 오랜 시간 동안 같은 자리에. 영원히 거기에 있을 것처럼.

　창문이 열려 있다. 책들은 서로를 모른다. 바깥은 조용하고, 델 것 같은 여름날 오후가 드리워 있다. 나무로 된 창살에 빛물이 든다. 햇빛이 닿는 자리마다 책들은 바래져 있다.

　눈에 띄는 책을 아무거나 한 권 집어들어 펼쳐보면 특유의 오래된 빛냄새가 난다. 내가 다 알 수 없는 시간의 적막이 스며 있다. 그대로 몇 번 더 킁킁대게 되는. 몇 번의 재채기. 말로는 표현하기 어려운 냄새. 돌이켜지는 익숙한 공감각. 거기에는 읽지 않아도 전해지는 따스함이 있다. 마음의 도서관을 생각한다.

　발견되지 않은 낙원이 책 속에 존재한다.

　창문이 열려 있다. 창가의 책들에 빛이 쓴 텍스트가 덧대진다. 그것은 마음으로 읽힌다.

*

    기억의 형체는 사라지고 그림자처럼 감정만이 남는다. 다른 영혼들로부터 밀려난 영혼이 바람에 일렁인다. 나 자신을 향한 작고 사소한 다짐들. 안으로 향하는 눈빛들. 눈빛 속에 갇힌 나. 오직 눈빛으로만 가능한 진실된 고백들. 현재를 오롯이 믿을 수 있다면 꿈도 사랑도 계속된다.

\*

매듭지어진 기억은 우리로부터 멀어진다.

사라지지 않고, 혜성처럼 멀어진다.

슬픔은, 멀어진다는 사실에 없고, 멀어지는 현상에 있다.

기억은 기억할수록,

                멀어진다.

멀리로 도망가서,

숨는다.

시간은 그대로 흐르고, 공간도 그대로 있지만, 우리는 멀어지고 있다. 나약한 기억들로부터. 기억이라는 거리감(을 느끼며 앞과 뒤를 동시에 바라보는 두 개의 공허한 눈). 잃어버린 먼 곳을 향한 그리움.

슬픔은 윤슬처럼,

쏟아진다.

되돌려 놓는다고 해도 이미 멀어진 것일 뿐 예전 그대로의 것이 아니다. 하나의 단어가 아니라 하나의 사실, 혹은 문장 전체를 부정하는 것과 같다. 달라진 게 없다고 해서 다르지 않은 게 아니다. 시간은 무정하게 흐르고. 먹먹함, 애틋함 같은 것이 마음을 두드린다.

　단어의 앞얼굴보다는 옆얼굴, 뒷모습이 좋아. 어쩌면 속마음까지도. 나만 들여다볼 수 있는 감각이 거기에 있어. 단어마다 신비로운 선율이 있어. 단어는 악기가 될 수 있을까. 누군가 나의 연주를 듣고서 이 마음을 알아챌 수 있을까.

\*

  악보를 찍듯이 우리는 사랑을 받아 적는다. 받아 적힌 사랑은, 그 사랑이 다 끝나고 난 뒤에야 연주되기 시작한다. 음표 하나하나를 다 알 수는 없지만 악보 위에는 두 사람만이 공유할 수 있는 음감이 있다. 어떤 곡의 연주는 다 끝난 뒤에도 커튼이 내려지지 않는다. 들릴 듯 말 듯 거기에 없는 것처럼, 언제까지고 연주될 뿐이다.

\*

　시는, 이미지 혹은 덩어리로 온대. 정말 그럴까? 온다면 둥글게 올까 곤두선 채 올까? 기다려야 하는 걸까 마중나가야 하는 걸까? 우리는 해석하고 번역하는 사람일까? 그런데 소설도 그렇대. 소설은 조각에 가깝대. 커다란 바위를, 타원형의 돌로, 얼굴 모양을 한 상으로 조금씩 조금씩 깎아나가는 거래. 처음 다가온 이미지 혹은 덩어리의 형태에 가깝게. 소설이 고체라면 시는 액체나 기체일까? 구름이나 물안개처럼 오는 걸까? 깎거나 다듬을 수 없는 걸까? 원형 그대로 흘리거나 날려 보낼 뿐인 걸까?

　무언갈 가리키기 위한 단어는 함정이야. 그러니까 다른 것은 의식하지 마. 헤매지도 마. 아름다운 것은 네 안에 있어. 아름다움은 늘 네 안에 있어. 부드럽게 건져 올리는 거야.

\*

세계는 매일 좁아지고 있으니까 누구나 마주칠 수 있어요.
진실은 그다지 중요하지 않죠 들어볼래요?

"그들은 어느 누구도 당신이 누구인지 모르는 것 같았어요. 나 혼자 아는 것처럼 당신도 역시 몰랐어요. 당신은 계속해서 내 시선을 피했어요. 명백히 의도적이었어요. 기다렸죠. 시간은 많았어요. 나는 언제나 내가 시간이 있다고 생각하죠. 당신의 시선은 마치 내가 존재하지 않는 것처럼 나를 지나쳐 갔어요. 당신이 날 보게 하려고 드디어 나는 말을 했어요. 조금 기묘한 생각으로 화제에 끼어들어 모두 날 주목하게 했죠. 그것이 무엇이었는지 잊었지만. 갑작스런 침묵에서 내게 대답해준 것은 당신이었어요. 내 이야기의 부자연스러운 점을 역설로써 대답했죠. 모든 다른 사람은 침묵하고 있고 나는 다시 아무도 당신 말을 이해하지 못한다고 느꼈죠. 아마도 당신 말을 이해한 것은 나 혼자였을 거예요."[11]

오해는 미로의 재료였어요.
사랑을 했나요 우리가, 그랬었나요, 뭐가 중요하죠 그게?
긴 대화문으로 적다 보면 이야기는 왜곡될 수밖에 없죠.
그러니까 그냥…… 굳게 닫아 두는 것만이,
최선의 거짓이죠.

---

11) 알랭 레네 Alain Resnais 의 영화 ≪지난 해 마리앙바드에서 L'Année dernière à Marienbad, 1961≫의 극중 내레이션. 00:32:49부터 00:34:38까지.

\*

  로댕Auguste Rodin 과 아르프Jean Arp 와 브랑쿠시Constantin Brâncuși 의 조각들 앞에 섰던 날을 기억한다. 어느 날이 앞이고 뒤인지는 중요하지 않다. 로댕과 아르프는 비가 오는 뫼동Meudon 에서였고 브랑쿠시는 건조한 파리에서였다. (뫼동은 파리 중심에서 남서쪽으로 9킬로미터 정도 떨어진 곳에 있다.)

  그곳에서 나는 조용하고 압도적인 관능을 마주했다. 관람객은 한두 명 정도가 더 있었지만 서로가 서로를 의식할 수 없었을 것이다. 축축한 정원과 검은 광택의 거대한 야외 조각. 전체가 하나로 느껴지지 않는 이질적인 풍경. 그리고 조르주 퐁피두 센터Centre Georges-Pompidou 지하에 숨은 아뜰리에. 하얗게 빛나는 숨. 새와 날개. 고꾸라진 얼굴들. 마치 거대한 눈빛 같아. 창조주는 떠나고 없는데 남아있는 조각들 사이 어딘가 살아있는 듯한. 귀로 듣는 침묵. 무수한 실패들. 말할 필요가 없어지는 말들. 아무것도 하지 않는 관능을 쓰거나 말하거나 그리고 싶었다. 말해지는 대로, 손이 가는 대로. 어디서나 아무 의자에 앉아 무릎에 스케치북을 대고 그림을 그리는 모습으로. 조각들 사이로 보이는 가르치는 사람과 스케치하는 사람. 유리창을 투과해 나무와 돌에 씌워진 빛의 질감. 형태가 자유로운 덩어리들.

흐트러질 듯 흐트러지지 않는 추상. 밝게 바랜 푸른 회반죽벽은 조각들이 공중에 띄워져 있는 것처럼 보이게 한다. (지금 내가 떠올리는 것은 하나의 공간이 아니고 하나의 기억이 아니다. 공간과 기억은 어지럽게 혼재한다. 공간의 기억. 기억의 공간.)

   냉랭하고 창백한 100년 전의 공기가 조용히 움직이고 있었다. 아무에게도 들키지 않는 걸음 소리로. 그때 그 감각은 여전히 나의 휴대폰 배경화면을 차지하고 있다.

\*

 두 사람 사이 참을 수 없이 뜨거운 말들. 쓰라리게 데이거나, 다 태워버리고 재만 남거나, 불쑥 터지고 끓어오르거나. 평생을 알 수 없도록 입술을 꾹 다물거나.

\*

물질과 단어들.

단어를 벗겨 물질을 꺼낸다. 단어는 물질을 위해 존재하고, 물질은 단어를 통해서만 존재한다. 물질을 없애도 단어는 남고 편지를 잃어버려도 문장은 기억된다.

물질은 차갑고 외롭다. 숨결과 목소리는 생생하다.

사랑도 물질일까?
누구나 시간의 강물에 단어들을 떠나보낸다.

우리를 숨쉬게 하는 것은 비물질이다.

사람과
사람의 관념은
따듯하다.

\*

**볼라퓌크**Volapük[12]: 물방울이 맺히는 말하기. 거듭 가능해지기로 하네. 물의 언어. 물 속에 잠겨 있는 시인들의 첫 아이. 그들은 모른다고 말하네. 무수한 대화들이 지도를 만드네. 어깨를 들썩이며 울고 웃고 울고 소리치고. 명암을 휘적거리는 손가락. 선명한 붉은 기포가 터질 때. 벗겨진 사랑으로 무한해지는 말하기. 두 사람 사이 안개의 밤. 천천히 번지는 미래. 모른다고 말하면 또 가능해지네. 어떤 거짓은 진실해. 사랑으로도 막을 수 없지. 사랑을 벗을래. 사랑을 끼울래. 무의미한 시구를 되뇌고 며칠 뒤. 그림, 욕망, 편지, 이름, 돌탑. 매미처럼 무성한 연인들의 노래. 기억의 발효로 빚은 술을 마시네. 모래로 만든 미로. 와르르 무너지는. 무너짐 속의 거대한 정원들. 깨끗한 부엌을 떠올려 봐. 희랍어로 바다를 뭐라고 말하지. 모래알을 뭐라고 말하지. 남서쪽의 숲은 조용하다. 영원을 선언한 해먹 아래서 오후는 흐를 것이다. 화가들의 정신병처럼. 물방울이 맺히지 않는 말하기. 2020년의 푸른 베개들. 거듭 기억하기로 하

---

12) 볼라퓌크는 1880년 독일의 요한 마르틴 슐라이어Johann Martin Schleyer 사제에 의해 구상되고 발표된 근대적 국제어이다. 초창기에 대중적 지지와 인기를 얻었으나 경쟁 국제어 에스페란토Esperanto 의 등장으로 급속히 쇠퇴하였다.

네. 용기는 모르는 것을 모른다고 말하는 것. 조명이 꺼지면 심장에 대고 속삭이기. 같은 무늬의 베개와 그림자. 툭툭 떨어지는 어린 허무의 껍질. 뒤죽박죽인 스틸 컷의 세계. 에워싸인 말들의 지하실에서. 불온한 지평선으로 걸어가네. 어둠에 발효된 감정을 꺼낼 때마다. 다시 무한해지는 말하기.

\*

　해빙된 땅에서 수십 세기 전의 유물들이 쏟아져 나왔다 지구 전체의 기온이 0.8℃ 상승했기 때문에 일어난 일이다

　꿈도 예언도 아닌 것처럼 익숙한 신호가 울렸고 푸른 차양막 아래서 하얀 유니폼을 갖춰 입은 문화재청 관리자들과 다양한 나이대의 유물학자들이 모여 여기저기 백색 페인트를 칠했다 얼음에 들러붙은 햇빛처럼 동작은 섬세했다 발굴된 기억에 테두리를 표시했고 그들이 무슨 생각을 하고 있는지 바깥에 있는 나는 좀처럼 알 수 없었다

　두텁게 칠해진 하얀 사각형의 말없이 절대적인 형태
　인간과 인간 사이의 투명한 꿈과 벽

　모여 있는 사람들 모두가 하얀 명찰을 달고 있었는데 이름이 적혀 있는 사람은 아무도 없었다

　어쩔 수 없는 일이지
　영원히 부를 수 없는 것이지

빈 칸에는 꿈과 벽을 채우기 위함이지

하얀 사각형 안으로 감각이 없는 왼발을 뻗었다 그러자 땅에서 올라온 의문의 기포가 둥실, 하고 일렁이는 게 보였다 어떤 이름이 혀끝을 맴돌고 있다는 느낌, 답답하고 초조한, 보이지 않는 내면의 사건들

바로 그때 나이 든 유물학자 한 사람이 연달아 셔터를 누르기 시작했다 번쩍 번쩍 플래시가 터졌고 눈이 멀었다 저릿한 시야가 회복되면서 방금 전까지 거기에 없었던 새로운 실루엣이 나타났다 하얀 사각형 안에 사람이 서 있었다 나선형의 시간에 기거하는 당신이 왜 이곳에

오래된 비밀을 정원에 묻고서
서로의 이름을 부른다

벽의 표면이 반짝였고 풀벌레가 울었다 잠시 후 아무 일 없었던 것처럼 고요해졌다

기억에 환한 안개가 드리운다

\*

바다가 보이는 마을에 살고 싶었다. 저녁 무렵이면 매일 봐도 질리지 않는 아름다운 노을이 지는.

세인트아이브스St ives는 내가 꿈꾸던 바로 그런 도시이다. 영국의 서쪽 끝에 위치하며 런던에서 기차로 한 번에 올 수 없는 외진 곳. 평화로운 마을, 해안가의 절벽과 기암괴석, 거대한 만, 그리고 이름을 다 알 수 없는 작고 귀여운 섬들이 세인트아이브스를 이루고 있다. 비록 구글 맵으로만 가본 곳이지만, 구글 맵과 스트리트 뷰가 있으면 마치 여러 번 가본 곳인 것처럼 이야기할 수 있었다. 언젠가 기회가 되면 정말로 가볼 생각이고 해외여행 제한이 풀린다면 가장 먼저 방문하고 싶은 도시 중 하나이다. 그렇다면 그게 얼마나 미래이든 나는 얼마든지 세인트아이브스의 날씨와 뉴스와 골목과 상점에 대해 본대로 떠오르는대로 이야기할 수 있는 것이다. 프랑스의 정신분석학자 피에르 바야르Pierre Bayard는 ≪여행하지 않은 곳에 대해 말하는 법 Comment parler des lieux ou l'on n'a pas ete?≫이라는 책을 썼는데, 그는 어느 도시의 문화를 경험하고 발견하는 최고의 방법이 꼭 물리적인 여행만은 아니라고 말한다.

날씨는 세계가 일시에 멈춘 것처럼 맑고 깨끗했다. 얼마 전에는 세인트아이브스 해변에서 기후변화 대응을 촉구하는 〈멸종저항eXtinction Rebellion〉의 퍼포먼스가 열렸다. 아무 위치나 클릭해서 나타난 풍경에는 옅은 하늘 아래 점잖고 투명한 바다를 따라 좁다란 해안도로가 펼쳐져 있다. 마을의 전체적인 인상은 1997년 아그네스 마틴Agnes Martin 의 인터뷰 영상에서 본 그녀의 추상 드로잉을 떠올리게 했다. 백색과 푸른색이 뒤섞인 희미한 배경에 창백한 회색 줄무늬 사각형이 중심을 채우고 있던 유화 한 점. 미완의 풍경 추상. 어쩌면 영원히 완성되지 않을. 완성될 수 없는. 시간이 멈춘 따듯한 해안가.

인도와 벤치에는 신기하게도 반팔에 반바지를 입은 사람과 두터운 패딩 점퍼를 입은 사람이 여기저기 섞여 있었다. 햇빛은 따사로워 보였지만 옷차림만으로는 계절과 날씨를 유추할 수 없었다. 관광 차량보다 현지인의 트럭이 더 많이 오가고 있었다. 초록색 배경에 흰색 페인트로 갈매기 두 마리를 그려넣은 간판을 단 작은 옷가게가 눈에 띄었다. 쇼윈도 바로 앞에서 상점 주인과 관광객이 실랑이를 벌이고 있었다. 그리스 해안에 있을 법한 피자와 크레페 같은 음식을 파는 투고to-go 전문점이 바로 옆에 있고 거기서 어느 가족이 아이스크림을 하나씩 손에 들고 가게를 나오고 있었다. 밝은 컬러와 러프한 벽면의 건물로 가득한 이 도시의 골목 곳곳에는 예술가들의 오래된 작업실이 많이 남아있었는데, 그 때문인지 길에서 마주치는 사람들

대부분이 그림을 그리거나 도자기를 빚거나 무엇이든 하나쯤 예술 방면으로 특출한 솜씨가 있어보였다. 1920년대부터 오갈 데 없는 화가, 조각가, 도예가 등이 이곳에 모여들면서 자연스럽게 예술가의 마을이 되었다고 한다. 아무나 붙잡고 이야기를 나눠보고 싶었지만, 왜인지 살아있는 눈빛을 지닌 사람이 없었다. 내가 입을 열면 길 위의 사람들이 동시에 나를 이상한 사람 취급하며 쳐다볼 것 같은 느낌이 들었다. 눈을 마주칠 때마다 마음이 멀어졌고 누구에게 말을 걸면 좋을지 알 수 없었다. 눈빛에 관해 생각하는 사이 길은 텅 비어 있었다. 간결하고 빠르게 골목을 누비기로 했다. 한참을 걸었지만 피로하지 않았다.

북쪽 해변가에는 테이트 세인트아이브스Tate St ives 가 있고 거기서 세인트아이브스 선착장 쪽으로 조금 내려오면 바바라 헵워스 조각 정원Barbara Hepworth's Sculpture Garden 이 있다. 그녀가 생전에 작업했던 트레윈 스튜디오Trewyn Studio 는 온화한 바닷바람이 불어오는 조각 정원을 품고 있었다. 바바라 헵워스는 이제 거기에 없지만 내가 거기에 들어섰을 때 거기에 없는 그녀는 온화한 바닷바람을 맞으며 세인트아이브스의 해안을 바라보고 있었다. 한결같은 명상을 통해 자연을 추상화하고 있었다. 그녀가 내어준 가벼운 풍미의 커피를 마시며 나눈 잠깐 동안의 이야기는 더 많은 생각할 거리를 던져주었다. 모든 것이 상상으로 끝나버린다고 해도 좋았다. 기억으로 남지 않는다고 해도 좋았다. 그녀처럼 나는, 본 것을 설명하지 않기로 한다. 눈으로 본 것만을 믿거나 쓰지 않기로 한다. 몸으로 정신으로 느낀 것에 관해 차분히 써 보기로 한다. 추상적인 이미지를 텍스트로 분출하기로 한다. 간결하게, 암시적으로. 침묵을 빚는 법을 그녀는 알았다. 이제 조각 정원은 내 머릿속에 있고 그녀는 거기에 없다.

이 글에 쓰인 〈나〉는 일종의 시적인 감각이다. 지도 위에서 생겨나고 마음 속에서 확장되는 이 이야기는 꿈이 아니다. 배낭 없이 떠나는 사유 속으로의 여행이다. 마음껏 상상할 수 있다면 우리는 언제든지 떠날 수 있을 것이다.

\*

　마리오 보타Mario Botta가 설계한 화성 남양 성모성지에 다녀왔다. 성지聖地는 조선시대 병인박해 당시 대규모 순교가 있었던 곳에 있다. 대지의 골짜기를 본딴 대성당 건물은 순교지를 품에 안는 듯한 형태의 두 개의 탑으로 이루어져 있다. 그 사이에 있는 높이 50m의 긴 틈이 성당 내부로 섬세한 자연광을 끌어오고, 성당에 들어선 신도는 빛의 도래 앞에 조용히 고개를 숙인다.

　수많은 종교 공간을 설계해 온 마리오 보타는 건축을 통해 역사를 기억하고 궁극적으로 인간의 영혼을 위한 건축을 추구해야 한다고 말했다. 성당은 하늘을 향했을 때 빛과 대화할 수 있어야 한다고, 그리고 그 자체로서 거대한 과거를 지닐 수밖에 없다고 말했다. 현대의 종교 건축은 건물 안으로 다양한 형태의 빛을 가져온다. 빛이 신념 그 자체인 것처럼, 신이 빛을 타고 어떤 계시를 구현해줄 것처럼. 빛의 기하학을 통해 보이지 않는 믿음을 공간 속에 고이게 한다. 벽돌처럼 쌓아올린다. 신을 믿지 않는 사람일지라도 그 앞에 서면 경외감을 느낄 수밖에 없다. 이탈리아 볼로냐 지역에는 〈회개한 도둑들의 교회The Church of The Penitent Thief〉가 있는데, 형기가 끝나고 사회적응 교육 기간을 기다리는 교도소 수감자들이 건축 과정에 참여한 것으로 알려져 있다. 수수한 외관의 이 교회에는 건물 전체를 가로지르는 균열의 틈새가 존재한다. 길고 예리한 빛이 건물을 잘라낸 것처럼 공간은 구획되고 교회 본당의 한가운데로 이목이 집중된다. 시선은 자연스럽게 빛이 머무는 곳으로 모인다.

    건축된 빛에 우리는 압도 당한다. 성당은 빛을 받아들이고 빛은 성당을 차지한다. 믿음의 중력이 있는 것처럼 빛이 거기에 있고, 신은 그 빛의 머무름 속에 있는 듯하다. 종교는 없지만 기회가 주어진다면 전 세계의 성당과 수도원을 자유롭게 다녀보고 싶다. 특별히 기대하는 것이 있어서는 아니다. 종교적인 깨달음을 얻거나 무언가를 발견할 수 없다고 해도, 단지 그곳에 고이는 빛의 질감을 만나보고 싶어서, 이제껏 가져본 적 없는 슬픔과 희망에 잠시나마 닿아보고 싶어서.

\*

 우리는 죽고 또 죽고 다시 태어나고 또 죽고 그러기를 반복하다 나무처럼 썩고 빛나고 무효해지면서 오래된 숫자들을 생각하고
 기억의 빗장을 걸어 잠그네

\*

왜 당신이 화를 내요
함부로 추측하지 마세요
부탁이니 먼저 지나가세요
기분은 생략하는 게 어때요
눈을 뜨면 같은 자리에 있어줘요
어디 섬 같은 데 가서 오래 걷다 올까요
내일은 흐리지 않았으면 좋겠어요
어깨를 빌려 줄테니 눈을 붙여요
기억을 보관해 주세요
사물들은 버려요
취해서 부를 수 있는 노래가 있었으면 좋겠어요
과거를 가져가고 싶다고 말해요
같은 단어를 같은 자리에 계속 적어요
삶은 질기고 탁해요
눈을 뜨면 안돼요
죽지도 말아요
어디서든 살아 있었으면 해요

\*

꿈에서 만난 사람들을 일일이 기억해요

자각몽自覺夢을 꾼 적은 없어요

꿈속의 난
내가 잃어버린 것들의 집합이에요

은퇴를 앞둔 꿈의 세관원으로부터

영원히 되찾을 수 없고
되찾을 수 없다는 걸 이미 알고 있는
잃어버린 기억에 관한, 잃어버린 장면들의
디테일을

떠난 얼굴과 사라진 꿈의 목록을
내가 보관하고 있어요

아침에 일어나 꿈에 이름을 붙여요

그건
외로움에서 기인하는 걸까요?

연기와 향
타오르는 안개처럼
아무래도 꿈의 잉여적인 속성이 난 좋아요
숨겨도 숨길 수 없는

처음은 늘 고통스럽고
아름답죠

아무 짝에도 쓸모없는 이야기를 계속해 볼까요

무엇에 관한 루머이든
더는 상관없으니

\*

 기억에 기억을 더한다. 겨울에 겨울을 더한다. 감정을 억지로 덜어내지 않는다.
 그러다 보면 과거는 은연해진다.

 시제가 뒤죽박죽인 여행과 대화들. 어느 계절이나 눈이 펑펑 내리고 발이 푹푹 빠지고. 낯익은 아침이 열린다. 따듯한 코르타도cortado 와 갓 구운 바게트baguette 하나를 사서 빵 끄트머리를 뜯어먹으며, 몸을 구겨넣어야 할 만큼 좁은 원형 나무 계단을 따라 꼭대기 층의 방으로 올라간다. 계단은 절대로 무너지지 않을 것이다. 그건 영화의 소품 같은 거니까. 긴 복도는 언제 봐도 신비롭다. 복도가 복도를 불러오고 무한히 이어지기 때문이다. 켜지지 않는 책상 조명과 활짝 열리는 두 개의 창문. 타국의 겨울 풍경은 영원해. 밤이 되면 영화 속의 한 장면 같은 술집이 열린다. 술에 취한 사람들이 눈싸움을 벌인다. 다 엉터리야. 어두워서 잘 보이지 않네. 안 보여서 어두운 게 아니고? 묵음 처리된 입 모양이 무엇을 말하는지 우린 알 수가 없다.

 닫힌 창문이 잠을 깨운다. 밤을 괴롭히는 기록적인 폭설. 발이 묶인 우리는 어디로 가야 할지. 국경이 불분명한 행선지를 떠올린다. 엘레베이터가 지하로 내려갈 때 안개 낀 풍경은 사라져야 했다. 사라지는 법도 모르면서 사라져야 했다. 사라진 것들은 어디로 가야 할지. 같은 곳을 빙빙 도는 미술관 내부를 돌고 돌아 기차역으로 간다. 늦지 않았어. 서두르면 제시간에 도착할 수 있을 거야. 겨울이 시작될 때마다 몇 편의 시가 새롭게 쓰일 거야. 녹이 슨 시어들로. 말할 수 없어진 것에 대해 말할 거야. 긴 복도를 마주칠 수 있을 거야.

아름다운 것은 떠나야 한다. 버림받는 것은 어느 쪽일까? 축축한 골목을 뒤돌아 걸으면서

영원할 기시감旣視感을 씹는다.
느낀다.

그렇다. 창문을 복도에 두고 온 것이다.

앙상한 나뭇가지 위에 길게 쌓인 눈이 어느새 녹아서 뚝뚝 떨어지고 있다.

\*

  어느 겨울 하얀 호수. 눈이 녹지 않는 바위. 물가에 쓰러진 죽은 포플러나무. 인적 없는 산길. 오래된 떨림. 외딴 집. 말을 잃은 사람처럼 놓여 있는 검은 피아노 한 대. 그 위에 벗어둔 낡은 금테 안경. 그 방에 있었을 완벽에 가까운 옛 연주들. 선반 위의 아프리칸 나무 공예. 거의 모든 것의 과거. 떠오르는 숫자들. 흐린 날의 빛처럼 퍼지는 바흐의 오르간. 영원이란 끝없는 공간의 느낌. 움직이는 구름. 노래하는 바람. 자연으로부터 이해받는 기분. 선명한 대사들. 산새처럼 찾아오는 낱개의 평화들.

\*

기나긴 겨울이 이대로 끝나지 않았으면.

\*

　바비칸 센터Barbican Center 광장에 사람들이 모여 있어요. 자그마한 분수들 옆 규칙적으로 늘어선 벤치에 점심을 먹으러 나온 회사원들이 앉아있어요. 물가의 나무들은 평화롭군요. 빌딩과 빌딩 사이로 반가운 햇빛이 비치고 계단을 오르내리는 사람들은 활기차 보여요. 책을 읽는 사람은 이 공간에 홀로 있는 것처럼 푹 빠져 있어요.

　나는 여기서 아무 생각도 하지 않아요. 약속도 없어요. 연극이나 영화를 기다리는 것도 아니에요. 전시에도 딱히 관심이 없어요. 거주민처럼, 관찰자처럼 무료한 시선으로 앉아있고 싶었어요. 어떤 기다림을 기다리고 싶었어요. 공연예술 시설과 도서관, 아파트, 온실 등이 한데 섞인 런던의 이 거대한 **브루탈리즘**Brutalism[13] 이 그냥 마음에 들었어요. 딱딱한데 편안해요. 콘크리트의 거친 회색 빛도 우울하지 않아요. 하나도 삭막하지 않아요. 오히려 따듯해. 아무런 편견도 의심도 없는 표정. 맑은 날씨가 그대로 비치는 푸른 창문들. 녹색 광장. 삼삼오오 모여 있

---

13) 모더니즘 건축의 뒤를 이어 1950년대 후반부터 주목을 받은 건축 양식. 르 코르뷔지에Le Corbusier 가 사용한 'Béton brut(raw concrete)'라는 용어에서 유래했으며 가공되지 않은 콘크리트의 차갑고 야수적인 외관이 특징이다.

거나 머물거나 지나치는 이곳 사람들의 전체적인 분위기. 분수가의 깃발들. 물 속에 서서 아파트 건물을 바치고 있는 기둥들. 너무 비싸서 살아볼 순 없지만 누구에게나 개방되어 있어 언제든지 앉아있다가 갈 수 있어요. 있는 동안은 아무 생각도 하지 않고요. 아무 생각도 하지 않는 내가 좋아요.

    그때의 이미지가 오랫동안 기억에 남아 있어요. 공간을 그대로 가져와 기억 속에 구현해 둔 것처럼 시간도 공간도 어딘가에 둥둥 떠 있어요. 책상 한쪽에 그날의 사진이 인화돼 있고 나는 기억의 물성에 관해 생각해요. 더 많은 사진을 인화해 두고 싶군요. 가까이 두고 함께 둥둥 떠 있고 싶군요. 나의 건조한 기억들이 모두 하나로 연결될 수 있을까요. 그것은 미래의 나를 두드려 깨울 수 있을까요.

\*

   욕실의 환풍기는 자주 말썽이다 레몬색의 타일 사이사이에 눈물이 녹슬어 있다 몸은 자주 망각하기 때문에 우리는

   몸의 거짓을 깨끗이 씻어 일일이 확인해야 한다

   기억은 거울처럼 반사되어
돌아오고

욕실에 수채는 하나뿐이다
목욕 중인 머리 위를 빙빙 도는 새의 육성을 해석한다

혼자 울고 매일 너는 있을까? 그리하여?

울음은 진앙이다
한강 철교를 달리는 열차
여진餘震에 흔들리는 하얗고 적막한 욕실들

너는 실체가 없이 쏟아지고 실체는 그림자를 빼앗긴다

뒤엉키고 솎아내는 일의 반복
메모리와 캐비닛, 감정이 없는 확대와 축소

a) 과거의 인덱스를 살펴본다
b) 오래된 기억을 정렬한다
c) 해묵은 필터를 갈아끼운다

약속된 지시를 따른다 그물망으로 기억을 흘려 보내고 파편의 일부를 회수한다 반복은 오차를 만들고 기억의 오차 범위에 관한 논문은 후회라는 감정을 근거로 한다

연결되어 있을까 공허는? 피할 수 없이?

시간에 탑재된 엔진을 망가뜨릴 것 아무 준비도 없이 그저 내일을 소망할 것
가능성의 여집합으로부터 벗어나는 중이다

당분간은
기억이 없는 새처럼 지낼 것이다

\*

 슬픔에 잠겨 있다 보면 어느새 슬픔을 즐기게 된다. 옅은 미소를 띤 채로. 죽을 것처럼 울지만 않으면 슬픔 따위는 아무 문제가 되지 않을 것이다. 그런 식으로 슬픔을 다독이다 흠칫 놀라고 만다. 죄다 집어삼켜버릴 것 같던 거대한 슬픔은 다 어디로 가버렸나. 이제 슬픔은 먹구름이 아니라 물안개처럼 피어 있다. 배고픈 고양이처럼 나의 그림자를 따라다닌다. 불쾌하지 않을 만큼 내가 사는 섬의 주위를 흐르고 있다.

갈피를 잡을 수 없는 자욱한 나날들. 오래된 관성이 나를 끌고 가고, 불씨는 점점 더 묘연해지네. 그늘진 유리창 안에서 잔을 비우며 또 하루를 살피네. 아무리 쓰디쓴 술에도 더는 미간을 찌푸리지 않네.

*

창문은 이상하다.
더는 보고 싶지 않은 것들까지 굳이 비춰 보인다.
움직이는 것은 창문이
아닐 텐데 말이다.

창문은 이상하다.
실루엣과 대화들이 모이는 곳
랜덤한 세계의 무늬를 제몸에 그려 보인다.

창문은 이상하다.
열고 싶어도 열리지 않을 때가 있고
열고 싶지 않아도 열릴 때가 있어서
체류 중인 시간은 피로하다.

창문은 이상하다.
검게 닫힌 밤, 구멍 뚫린 눈
심연을 꿰뚫을 것처럼 노려보느라
두근거린다.

창문은 이상하다.
날씨의 분노를 집어삼키고
기적적으로 날아오르는 토템totem 처럼
꿈 속을 배회한다.

창문은 이상하다.
나무들이 팔을 뻗으면 온몸을 열어젖히고
바람의 심장 소리는 밀어보낸다.

창문은 이상하다.
양쪽의 창문들이 빠르게 달리기 시작하면
빛의 멜로디가 등장하고
낯선 열차의 백색 소음이 귓가를 맴돈다.

창문은 이상하다.
갈 곳 없는 농담과 이야기를 다 들어주고는
유리 세공사처럼
사랑의 껍질을 깔끔히 벗겨낸다.

숙연해지는 정오

창문이 있는 정물靜物

나의 창문은 이상한 속도로 자라난다.

양끝의 내가
창문의 속도를 배우는 중이다.

\*

눈빛에 나는 포화saturated 되었고 그때부터 어둠은 멈추지 않는다 기억의 그늘에 흠뻑 젖어

빛과 시간은 동어 반복이다
사랑이 중력과 같다고 나는 썼다

얼음 같은 과거, 빛 같은 미래, 투명한 물처럼 흐르고 고이는 순간들
중얼거리는 사이 멈췄던 시간이
흘러버렸다

모든 것의 예언이 날카롭게 침몰할 때

사랑의 난파선에서
손을 흔드는

…
…

\*

내가 원할 때 무엇이든 얼려버릴 수 있으면 좋겠다고 생각한다. 차라리 나 자신을 얼려둘 수 있다면 어떨까. 얼음 속에서 투명한 바깥을 내다보는 것과, 얼어있는 창백한 무언가를 얼음 밖에서 들여다보는 일에 대해서. 사랑 자체를 얼릴 수는 없으니 사랑에 빠진 누군가를, 사랑이 흘러넘치는 순간들을 마음대로 얼릴 수 있다면.

나의 사랑은 과거에 있지 않다. 언제나 현재에, 오늘과 내일에 가장 가까이 밀착해 있다. 혹은 나도 모르는 사이 지척의 미래를 향해 흔들리고 있거나. 사랑은 나의 현재를 거의 끌다시피 붙들고 간다. 잠깐도 뒤를 돌아보지 않고. 과거는 나에게, 어쩌면 허상이다. 캄캄한 밤 볼품없는 폭죽이 다 터지고 난 뒤 해변의 적막 같은 것. 그러나 분명히 돌이킬 수 없는 마음들이 그곳에 있다. 나는 분명히 그들을 사랑했는데. 언제라도 말할 준비가 되어 있었는데. 몇 번이고 사랑한다고 말했었는데…… 이렇게 쓰고 나니 더는 이어 쓸 수가 없다. 어떤 말도 무의미해 보인다. 눈가가 왜 젖어오는 걸까. 대상이 없는, 얼굴로 흐르지도 못한 얄팍한 눈물이 차게 식는다. 허공으로 날아가버린다. 그렇게 조용히 과거가 되어간다. 눈물을 얼릴 수 있다면 그걸 아름다운 끝이라고 부를 수 있을까.

사랑을 듬뿍 받고 자란 사람은 맑고 아름답다. 커다랗고 따듯하다. 그게 누구의 사랑이든 사랑은 그 자체만으로 누군가의 뿌리와 줄기를 키우고, 나는 그에게서 부드럽고 단단한 마음의 결을, 받은 사랑을 언제라도 꺼내 불어넣어줄 것처럼 충만하게 차올라 있는 마음의 방향을 느낀다. 그런 예감이 먹먹한 두려움으로 다가오기도 한다. 더없이 충만해서 흘러 넘칠 것 같은, 나로서는 건넬 수도 건네 본 적도 없는 어떤 마음의 세찬 흐름이 코앞에 들이닥쳐 있는 것 같기 때문이다. 왜 나를. 이런 내가. 받아도 될까. 감당할 수 있을까. 조심스럽고 겁이 난다. 사랑에 관해서라면 겁이 없는 사람이라고 호언해 왔는데. 나의 뿌리와 줄기는 지금 어떻길래. 당장은 들여다볼 용기가 없고.

잊히지 않는 말이 있다.

너는, 나의 마음을 자꾸, 뚝뚝 떨어지게 만들어.

해준 말이 아니고 들은 말이다. 사랑이 충만한 이 말은 정말로 얼어있다. 영원히 녹지도 않을 것이다.

사랑은 끊임없이 변한다. 변화한다, 라고 쓰지 않고 변한다, 라고 쓴 이유는. 모르겠다. 이제는 정말로 모르겠다. 모르겠다는 말을 습관처럼 하면 안 된다고 생각하는 편인데. 나날이 모르는 게 많아진다. 습관적인 외면일지도 모르고. 그냥 변한다는 사실이 제일 중요하다. 단순하다. 아무래도 상관없다고 믿지만 그럴 때마다 한없이 초라해진다.

어느 쪽으로도 나아가기를 선택할 수가 없다. 언제나 그랬듯이 현재에 끌려 갈 듯하지만, 도망칠 수 있다면 원없이 도망쳐 보고도 싶다. 아무도 없던 겨울 호수로, 황량한 숲길로, 아득한 시간의 무덤 속으로.

둑은 터진다.

희망도 절망도 사랑이라는 강물을 가둘 수 없다. 서로 다 아는, 의미없는 말들이 잔해가 되어 발밑을 뒹군다.

\*

    끝을 알 수 없는 불안과 허무가 철썩일 때마다 창밖을 두리번거리지 말고 안으로 안으로 파고들 것. 현재의 목소리에 귀를 기울일 것. 그냥 오늘 하루 지금 할 수 있는 일을 할 것.

　언젠가…… 라고 입을 뗀 다음 머뭇거리면, 과거에 대해 말하려는 것인지 미래에 대해 말하려는 것인지 알 수 없어진다.
　시간이 늘어지고 눈빛은 깊어진다.
　얼어붙은 혀.
　돌아갈 곳이 사라진.
　모닥불을 피우니 눈 밟는 소리가 난다.
　언어는 얼음과 함께 배회한다.
　언어는 얼음과.
　이야기를 듣고 싶어? 이야기는 침묵한다.
　바다를 헤엄쳐 건너는 이야기.
　아름다운 타국에서
　모국의 편지를 읽는다.
　해안가는 고요하다.
　내 이야기를 듣고 싶어?
　그렇다면
　　　　　　　언젠가……

## 맺는 말

오래된 등대 같은 기억들이 명멸하고 있다.
닻을 올려 해안으로 돌아간다.

입김과 적막.
수평선이 창백하다.

## 빛과 안개

초판 1쇄 발행  2021년 10월 27일
3쇄 발행  2022년 8월 12일

지은이  최유수
펴낸이  최유수
펴낸곳  도어스프레스
출판등록  제2019-000145호
주소  서울시 종로구 통의동 12, 3층
이메일  doorspress@gmail.com

ISBN 979-11-957046-4-4 03810

이 책의 판권은 지은이와 출판사 도어스프레스에 있습니다.
책 내용의 전부 혹은 일부를 재사용하려면 반드시 서면 동의를 받아야 합니다.